岩波現代文庫／社会 300

犬、そして猫が生きる力をくれた

介助犬と人びとの新しい物語

大塚敦子

岩波書店

はじめに

　私が人と動物の絆について目を開かれたのは、エイズとともに生きる人びとと動物たちとの深いかかわりを目の当たりにしたことがきっかけだ。

　一九九二年にアメリカのＨＩＶ感染者／エイズ患者の生き方を取材し始めて以来、さまざまな人びとに出会ってきたが、なかでも強い印象を受けたのは、私が取材させてもらった人のほとんどが、犬や猫などの動物たちと暮らし、その存在を大きな支えと感じていたことだった。ＨＩＶ感染がわかったとき、多くの人は人間関係において強い疎外感と孤独を味わう。だが、そんなときでも、動物たちの愛情はけっして変わることがなかったという。

　いまでは考えられないが、エイズについての正しい知識が普及していなかった一九九二年当時、ＨＩＶ感染者の男性クリスは、周囲のまちがった認識にどれほど苦しめられたか、こう語っていた。

「感染がわかったとき、僕は勤務していた海兵隊で、自殺防止にライフルも取り上げられ、ベッドのシーツまで焼かれる仕打ちを受けた。みんなが僕をウイルスそのもののように扱ったんだ。そんなとき、僕の犬だけは変わらずそばにいてくれた。誰も僕の話に耳を貸そうとしなかったあのとき、僕の犬だけは聞いてくれた。人生で一番苦しかったあの頃、僕は毎晩犬を抱きしめて、台所の床で寝たんだよ」

また、病気が進行したエイズ患者にとっても、動物たちの存在がどれほど心の支えになるか、実感させられたことがある。

一九九六年にエイズで亡くなった女性ジェニーは、死を間近にした数か月のあいだに、病気の進行に伴って一つ一つ体の機能を失い、何をするにも人の手を借りなければならなくなっていった。自立を失う悲しみ、二八歳の若さで死んでいかなければならない無念さから、彼女は周囲の人びとに怒りをぶつけるようになった。

その頃、私は彼女の家に滞在し、取材しながら介護の手伝いをしていたのだが、彼女がピリピリしているときにはなんと声をかけていいかわからず、同じ部屋にいることさえつらくなることが多かった。

そんなときでも、彼女の犬と猫だけは、けっしてそばから離れなかった。犬はベッドに横たわる彼女のすぐ脇に、猫は枕元に、ぴったりと寄り添い続けた。動物たちの温かい体にはさまれているうちに、やがてジェニーは安らかに眠りに落ちていくのだった。その情景は、いまも私の心に焼きついている。

ただ黙ってそばにいること。それがどれほど大切なことか頭ではわかっていても、人

ることに、私は心を揺さぶられた。それを、言葉を持たない動物たちがごく自然にやってのける
間にはなかなかできない。

　エイズ患者と動物たちのかかわりを目の当たりにしたことがきっかけで、私はその後、人がよりよく生きることを助ける動物の存在について取材するようになった。その最初の一歩が、アメリカ・ワシントン州の女子刑務所でおこなわれている介助犬育成プログラム「プリズン・ペット・パートナーシップ(Prison Pet Partnership＝PPP)」の取材である。

　三〇年以上の歴史を持つPPPは、おそらく世界でもっとも早くからおこなわれているプリズン・ドッグ・プログラムだ。そこでは、受刑者の女性たちが、アニマル・シェルターから救い出された犬たちを訓練し、介助犬やセラピー犬として、障害のある人のもとに送り出す活動をしている。

　アニマル・シェルターは、捨てられたり、飼い主がなんらかの事情で飼えなくなって持ち込んだ犬や猫を一時保護し、希望する人に引き渡す施設。アメリカでは、これから犬や猫を飼おうという人の多くは、ペットショップではなく、まずシェルターに行く。だが、それでもすべての動物が新しい家を見つけられるわけではない。いまでこそ殺処分をしない「ノー・キル」のシェルターが増えたが、かつては通常一週間ほどのあいだ

に引き取り手が見つからない場合は殺処分されていた。

そんななかで、犬たちはふたたび生きるチャンスを、受刑者たちは償いのチャンスを、そして障害のある人は介助犬を得てより自立した生活をするチャンスが与えられる――かかわる者すべてが恩恵を受けるPPPのプログラムは、まさに画期的だと思えた。ぜひその活動を自分の目で見たい、と意気込んで取材に出かけたのが一九九六年。そのときは、雑誌に記事を書くための一度きりの訪問のつもりだった。それが、その後三年近くにわたって取材を続けることになり、この本の前身である『犬が生きる力をくれた』(岩波書店、一九九九年)を出版。

その後もさらに多くの更生施設や少年院、刑務所などを取材して何冊かの本を書くことになり、日本初のプリズン・ドッグ・プログラムの立ち上げにもかかわった(二〇〇九年に始まった島根あさひ社会復帰促進センターの「盲導犬パピー育成プログラム」)。気がつくと、もう二〇年もこの世界にどっぷりはまっている。

PPPの取材で初めて刑務所というところに足を踏み入れたときは、自分が刑務所やそこに収容されている人たちのことをこれほど気にかけるようになろうとは思ってもみなかった。プログラムで働く受刑者の多くは、殺人や強盗など、普通に暮らしている人たちからはほど遠い重大な罪を犯した女性たち。自分とは何の接点もないと思っていた。

なぜ、それが大きく変わったのだろうか。

それは、彼女たちの物語を聞くうちに、多くの女性が抱えている普遍的な問題がつぎつぎと浮かび上がってきて、とても人ごととは思えなくなったからだ。

彼女たちの多くはセルフ・エスティームがとても低い。アルコールやドラッグを乱用するなど、自分自身を非常に粗末に扱う人も多い。人を信頼できず、傷つくのが怖いから、自分を守るために心を閉ざす。そして、そんな彼女たちをさまざまな形の暴力で支配する男たちがいる。

国や文化が違っても、また犯罪にまで至ることは稀だとしても、これはこの人たちだけの問題ではない。この社会に生きる私たち皆が共有する問題なのだと思わずにはいられない。

人や社会を傷つけた人は、自分自身も深く傷ついている——。かつて女子刑務所で抱いたこの感想は、二〇年を経たいまでは確信に変わった。人間によって傷つけられ、固く閉ざされている人たちの心の扉はそう簡単には開けられない。だが、与えられた愛情をけっして裏切ることのない犬や猫に対してなら、安心して心を開ける人たちも少なからずいる。

犬と暮らしたことがある人なら誰でも知っているように、犬はすべてを許し、受け入れてくれる動物だ。愛情を込めてじっと自分を見つめるあの犬のまなざしに触れて、心を動かされない人はいないだろう。

また、猫は犬ほど忠実ではないと思われがちだが、じつは猫も、犬とは表現の仕方が違うだけで、とても愛情深い動物である。人間社会で暮らしつつも、いまだに野性を失わずにいる猫のような動物と信頼関係を結ぶことは、ともに暮らす人間に大きな喜びを与えてくれる。

このたび岩波現代文庫版として、一九九九年に刊行した本を大幅に刷新し、ふたたびPPPの試みについて書く機会をいただいた。第1章の前半部分は、『犬が生きる力をくれた』からの抜粋に加筆修正をしたもので、現在のPPPについては後半部分にまとめている。また、第2章、コラム①、第3章についても、多少の加筆修正をしている。その他はすべて、文庫版のための書き下ろしであることを記しておく。

現在のプログラムは、犬の訓練だけでなく、猫のレスキューもおこなっていることから、タイトルは『犬が生きる力をくれた』から『犬、そして猫が生きる力をくれた』に変更した。猫が加わったことでもたらされた広がりについても報告できることを嬉しく思う。

犬や猫との絆を支えに生き直していく受刑者たち。それぞれの物語を語っていきたい。

目次

犬、そして猫が生きる力をくれた

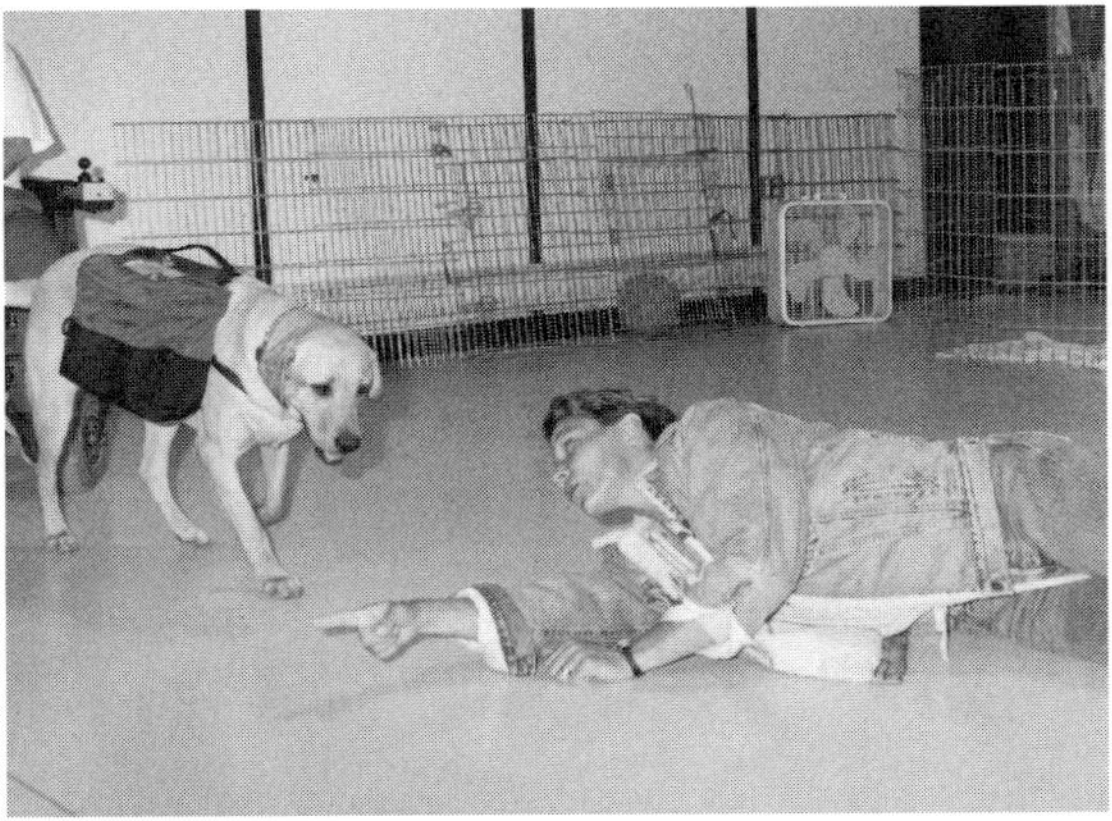

写真　大塚敦子（一五三ページを除く）

第1章

プリズン・ペット・パートナーシップ・プログラム

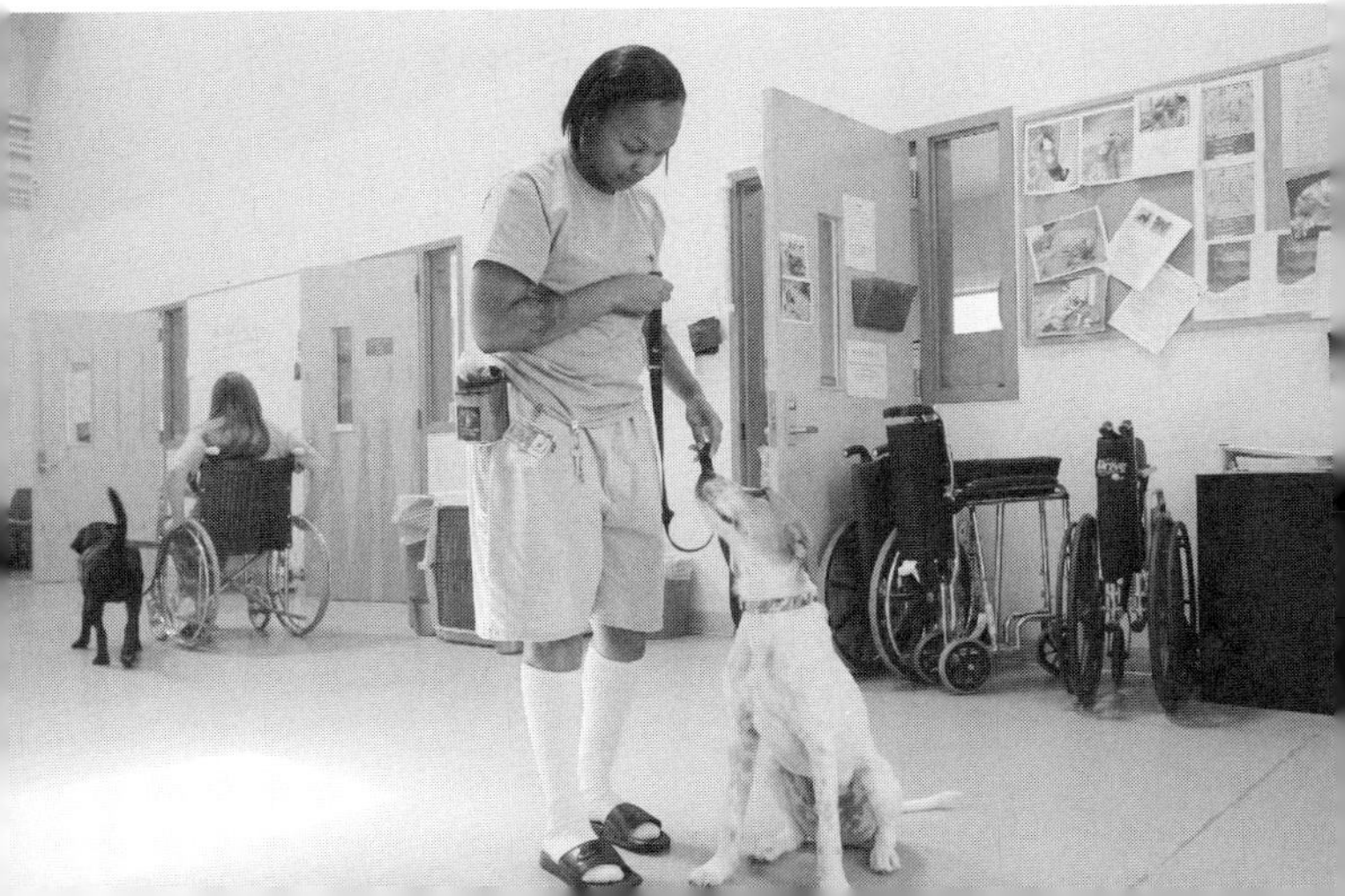

初めて刑務所へ

一九九六年、一二月。

アメリカ北西海岸最大の都市、ワシントン州シアトルから、私はフリーウェイを南へと車を走らせていた。一時間も走ると、車は北西へと進路を変え、海にまたがる吊橋を渡る。ギッグ・ハーバーの町に入り、フリーウェイの出口を探しながら進むと、出口の標示に続いて「ワシントン・コレクションズ・センター・フォー・ウイメン(Washington Corrections Center for Women＝ＷＣＣＷ)はこちら」との標示が目に飛び込んできた。それがこの旅の目的地、ワシントン州唯一の最重警備女子刑務所だ。私にとっては、「刑務所」というところに足を踏み入れる初めての経験となる。

シアトル付近の天候は、よくロンドンにたとえられるという。しとしとと雨が降り、濃い霧が発生するからだ。夏は短く、冬は長い。沖合を暖流が流れているので、冬でも気温はさほど下がらないが、来る日も来る日もどんよりした重苦しい空が続く。このあたりの家にたいていい暖炉があるのも、うなずける気がする。暖炉の火に手をかざし、パチパチと弾ける音に耳を傾けていると、心の芯まで暖まっていくからだろう。

私が初めてＷＣＣＷを訪ねた日も、朝から雨が降っていた。フリーウェイを下りてから刑務所までの道は、背の高い針葉樹の森を切り開いて造った道路で、うっそうと暗い。雨の中を目を凝らしながら車を進めると、突然森が途切れ、視界が開けた。そこに現われた一群の建物は、明るい白とグレーに塗られていて、まるで学校の校舎のようだ。周囲に張り巡らされたものものしい有刺鉄線も、どちらかといえば発電所か何かのように見える。やはり日本のように高い塀に囲まれていないと、どうも刑務所らしく見えない。

正面玄関を一歩入ると、そこには色とりどりに飾りつけられた立派なクリスマス・ツリーが置かれ、壁には「ウェルカム」と大きく書かれていて、とても親しげな雰囲気だ。だがまもなく、私の印象は一変することになった。

受付を済ませると、カメラ機材と筆記用具、お昼のお弁当を除いてすべてロッカーに保管するように言われる。そして持ち物検査と身体検査が始まったのだが、これが徹底していた。私が持っていった喉アメは「中に麻薬を仕込めるから」、木製のお箸と雨傘も「凶器になる」との理由で持ち込みを許されなかった。金属探知機は空港などのものとは比較にならないほど感度が高く、メガネのフレーム、腕時計、ベルトやピアスにまで反応する。探知機のブザーは何度くぐっても鳴り続け、おしまいには靴まで脱がされるはめになった。靴底にメタルが入っていることがあるからだという。

よけいな持ち物をすべてロッカーにしまい、身体検査をクリアするまでに、ゆうに二〇分。「ご協力ありがとう」と訪問者バッジをもらい、手の甲に入場許可のスタンプを押してもらえる頃には、かなりくたびれてしまった。

その後、プリズン・ペット・パートナーシップ(以下、PPP)のスタッフが迎えに来てくれて、いよいよ刑務所内部へと足を踏み入れるのだが、これがまた込み入っていた。受付から、刑務所の敷地の一番奥にあるプログラムの建物までのあいだには、施錠された門が六つ。それらは二か所あるセキュリティ・コントロールによってリモート操作で開閉されるので、そこの刑務官が私たちの姿を確認するまで、門の前で待たなければならない。敷地を囲む有刺鉄線のフェンスの高さは四メートル。フェンスの外側には、二四時間パトロールの車が警戒に回っている。たしかにここは最重警備刑務所なのだ。

降りしきる雨の中、水たまりをよけながら、受付から一〇分ほどかかってたどり着いた平屋の細長い建物に、PPPのオフィスはあった。ドアを開けると、室内は体育館のように天井が高く広々としている。その中を五〜六頭の犬たちがにぎやかにじゃれ合いながら走りまわっている。私を見るといっせいに駆け寄ってきて、人なつこいキスの雨を降らせてくれた。思わず顔がほころんでしまう。

ところで、この犬たちを訓練している受刑者の女性たちはどこにいるのだろう。訓練場を見渡すようにつくられたガラス張りの各部屋には、電話の応対をしている女性、コンピューターに向かっている女性、犬たちの相手をしている女性と、働いている姿があちこちにある。だが、誰が受刑者で、誰がスタッフなのか見分けがつかない。

案内してくれたスタッフに、外部の人間は二人だけで、あとは全員受刑者なのだと教えられて驚いた。受刑者は囚人服を着せられているもの、と思い込んでいた私の予想はすっかり外れてしまった。みな思い思いのシャツやジーンズ姿で、どこにでもいそうな感じの女性たちばかりなのだ(二〇一六年現在は、ユニフォーム着用が義務づけられている)。

あとでわかったことだが、このプログラムのディレクター、ジーン・ハンプルは、プログラムを刑務所ではなく、外の世界のビジネスの場と同様に扱う方針を持っていた。つまり、プログラムは会社であり、受刑者たちは社員なのだ。ジーンは彼女たちの看守ではなくて上司、ということになる。プログラムに雇用された受刑者たちは、最低賃金ながら給料をもらい、毎朝定時に出勤して、それぞれに与えられた仕事をこなす。それができない者たちは、当然のことながらクビになった。だから、私がここで出会った受刑者たちは、外の世界で雇用されてもやっていける可能性を持った人たち、ということになる。彼女たちが出所後に職に就き、経済的にも自立できるように職業訓練をおこなうことは、このプログラムの主要な目的の一つなのである。

介助犬育成プログラムの生い立ち

このプログラムが産声を上げたのは、一九八二年のことだ。ワシントン州政府に設立を働きかけたのは、後に修道女となったある一人の女性だった。キャシー・クイン(後にシスター・ポーリーン)は、ここにいる多くの受刑者たちと同じように、かつては通りにたむろしてドラッグやアルコールに溺れる日々を送った過去を持っていた。いくつもの更生施設を出たり入ったりした彼女にとって、心を許せた相手は自分の犬だけだったという。彼女は自分自身の経験から、刑務所に介助犬の訓練プログラムを導入することを考えついたのだった。

犬と接することによって、怒りや憎しみで凝り固まっている受刑者たちの心のバリアが取り除かれ、社会復帰への一歩を踏み出すことができる。そして、病気や障害のある人びとのために介助犬を訓練することは、彼女たちに生きる目的を与えられるはず。

そう訴えるキャシーに動かされ、ワシントン州矯正局、ワシントン州立大学獣医学部、タコマ・コミュニティ・カレッジが参加して、プログラムは始まることになる。

だが、最初の一〇年間は試行錯誤の連続だった。一人前のドッグ・トレーナーになるには何年もかかるが、多くの受刑者にとって、犬の訓練は初めての経験だった。そのうえ刑務所内には整った訓練施設もなく、成果を上げないとすぐ予算カット、というプレッシャーにさらされ続けた。低迷をきわめた一九九三年に、とうとうプログラムは中止寸前までいったが、元看護師で、ドッグ・トレーナーとしても長い経験を持つジーン・ハンプルが、建て直しの要請を受けてディレクターに就任。彼女の活躍で、ふたたび運営を軌道に乗せることができた。一九九〇年には非営利団体(NPO)として独立、より幅広い活動が展開できるようになり、今日に至っている。

ＰＰＰでは、シェルターに収容された犬たちの中から適性のありそうな犬を引き取り、受刑者たちが二四時間ともに暮らしながら、六〜八か月(成犬の場合)ほどのあいだ、訓練を試みる。そのうち実際に介助犬になるのは一五〜二〇頭に一頭ぐらいで、その他の犬はセラピー犬となって老人ホームや心身障害者施設などに行ったり、ペットとして個人の家庭にもらわれていく。設立以来、二〇一六年現在までに、七〇〇頭以上の犬を引き取り、介助犬、セラピー犬、一般家庭のペットなどとして送り出してきた。

現在のプログラム

私は一九九六年に取材を始めて以来、数年おきにＰＰＰを訪問し、プログラムの歩みを見てきた。その間にはワシントン州矯正局のポリシーの変更や刑務所トップの交替、また社会状況の変化など、さまざまな変化があったが、ＰＰＰはそれらに臨機応変に対応しつつ、着実にプログラムを発展させてきた。

私が最初に取材した頃のＰＰＰの活動の中心は、介助犬の訓練にあった。それは二〇一六年のいまも基本にあるが、現在のミッションはより幅広い。

「人と動物の絆を通し、受刑者の人生、家のない動物たちの生、そしてコミュニティを豊かにすること」

具体的には、受刑者の女性たちが、動物の世話や訓練を通し、人間として成長すること。そして、出所してからペット関連の仕事で生活を立てられるだけの職業スキルを身につけること。

動物については、シェルターなどから救い出した犬や猫に訓練やケアをして引き取り手を見つけ、新たな生を与えること。

そして、最後の「コミュニティ」——これは介助犬を受け取る障害者など、直接プログラムとかかわる人たちだけを指しているわけではない。このようなプログラムを通して、罪を犯した人が一人でも多く立ち直り、責任ある社会の一員となることができれば、社会全体がより豊かになる。それがここで言う「コミュニティ」の意味だ。

PPPは、シェルターから引き取った保護犬の中から介助犬を育成することにこだわってきた。だが、成育歴もわからない雑種の犬たちを介助犬に訓練するのは、じつはとても効率が悪い。実際、ほとんどの介助犬育成団体は、最初から介助犬としての資質を持った子犬を繁殖し、育てている。それでもPPPが保護犬を対象としてきた理由の一つは、そのことに地域の人びとの強いサポートがあったからだ。

もう一つの理由は、受刑者の女性たちへのインパクトの大きさだった。犬たちの多くは、飼い主に十分な世話をしてもらえなかったり、虐待されたりした結果、シェルターに保護されている。飼い主の言うことを聞かない、しつけができない、などの理由で持ち込まれる場合も少なくない。受刑者たちにとって、まさに自分自身の境遇と重なって見えるそのような犬たちを、ふたたび人と暮らせるように訓練することは、彼女たち自身の癒しの過程においても重要なのだ。

だが、この二〇年で社会の状況はかなり変わった。動物を飼う責任について社会の認識が高まり、避妊・去勢が定着したことで、捨てられる子犬や子猫が減ったこと、行き場のない動物たちに新たな家族を見つける活動がソーシャルメディアなどを通して活発になり、シェルターに収容される動物が減ったことなど、すべて歓迎すべき変化である。

ただ、これまで主にシェルターに保護された犬たちの中から介助犬候補を探してきたPPPにとっては、候補となる犬が大幅に減ったことにより、介助犬育成はとてもむずかしくなった。かつての一五～二〇頭に一頭から、いまでは三〇頭に一頭ぐらいの成功率に下がっているという。

そこで、二〇一五年、PPPは、ついに介助犬となるべく繁殖された子犬の提供を受けることを決断した。いずれは自分たちでも繁殖できるようにしたいと考えている。とは言っても、保護犬を救うというこれまでのミッションを手放すわけではない。

ジーン・ハンプルの退任後、一九九八年にディレクターに就任したエリザベス（ベス）・ノリスは、こう話す。

「これまでPPPがシェルターから引き取ってきたのは、介助犬としての適性がある犬、つまり私たちが引き取らなくても誰かが引き取る可能性の高い犬たちだった。でも、介助犬候補の犬を他で確保することができれば、一般の人の手には負えないようなむずかしい犬たちをうちで引き取ることができるから、よりよい社会貢献になるはず」

たしかに、そうすれば、PPPによって行き場のない犬たちが救われるのと同時に、受刑者の矯正プログラムとしての質もより深まるだろうという気がする。捨てられた犬を救い、新たな家族のもとに送り出す喜びも大きいが、自分が訓練した犬が介助犬となって障害者を助ける姿を見ることには、やはり特別の感慨があるにちがいない。

ある受刑者は、訓練中ずっと自分が障害を負わせた被害者のことを考えていたという。その人に対して直接償うことはできなくても、障害のある誰かのために介助犬を訓練することで、少しでも償いをしたいのだ、と。介助犬を育てることは、自分が傷つけた社会に何かを還元する貴重な機会でもある。罪を犯した人たちだからこそ、社会貢献のチャンスが与えられることの意味は大きいと思う。

社会復帰支援

PPPは、刑務所の中では職業訓練プログラムとして位置づけられている。

一般の人びとに開かれているグルーミングルーム(ペットの美容室)とペットホテル(犬・猫)での仕事、そして犬の訓練を通し、ペット関連業界で就労できるスキルを身につけることをめざす。PPPで働くことを希望する受刑者は、まず一二週間のペットケア講座を受講し、犬や猫の行動や心理、健康管理などの基本と、犬(猫)舎の管理の仕方について学ぶ。講座修了後、テストで八五パーセント以上、正解すれば、プログラムの採用候補者リストに載る。そして人員に空きが出れば、面接に呼ばれ、採用されるかどうかが決まるという道筋だ。

プログラムで働く受刑者の人数はときによって変動するが、だいたい一〇人前後。本人が希望すれば、重大な違反行為がないかぎり出所までいられるので、五年、一〇年とキャリアを積む受刑者も少なくない。

採用されると、最初の一年はペットホテルとして機能する犬舎と猫舎で働く。犬用のスペースは二八、猫用のスペースは七ある。旅行や長期出張などの理由で預ける人が多く、犬の場合は、飼い主が希望すれば、預かっているあいだに基本的な訓練をおこなうこともある。

ペットホテルはグルーミングと並んで、PPPの主要な収入源だ。全体収入のじつに六八パーセントがこの二つのサービスから来ている。その他、一二パーセントは資金集めのイベントから、一四パーセントが個人の寄付からで、ワシントン州矯正局から来るのは六パーセントのみ。PPPは政府に頼らない、きわめて自立度の高いプログラムと言える。

新しく雇用された受刑者が犬舎担当を終えると、つぎのステップはトレーナーまたはグルーマーだ。グルーマーを選んだ受刑者は、最初は洗い場からスタートし、実際にカットバサミを持たせてもらえるようになるまで一歩ずつ階段を上っていかなければならない(このあたりは外の美容の世界とまったく同じ)。そして、経験を積むごとに技能テストを受け、さまざまなレベルの技能証明書を取得するのだが、これらの技能証明書は、受刑者たちの就職の際おおいに役立つようだ。

女性たちが出所するとき、PPPではまず、彼女たちがプログラムでどのような教育を受け、どのような経験をしたかを詳しく記した履歴書をつくる。さらにグルーマーには、実働した時間、本人がグルーミングした犬のビフォー&アフターの写真、技能証明書のコピーなどを入れたポートフォリオを作成(トレーナーもほぼ同様)。受刑者の出所後も、求職先からの問い合わせに応えたり、依頼があれば推薦状を書くなどのフォローをする。

職業訓練・就労支援担当スタッフのレイチェルによれば、ほとんどの出所者は、就職活動の際、刑務所にいたことを正直に話すそうだが、それでも就職率はほぼ一〇〇パーセント。彼女たちの雇用主――グルーミングサロンやペットストア、動物病院など――の多くはPPPの活動を知っており、とても好意的なのだという。三〇年以上にわたって介助犬を訓練し、保護犬・保護猫を引き取って地域に貢献してきたことが、出所者た

犬を連れて刑務所内を移動する受刑者たち

ちの就労の成功を後押ししているのだろう。

ワシントン州全体の女性受刑者の再犯率が二〇・八パーセント(二〇一二年)であるのに対し、PPP出身者の再犯率は五パーセント(一九九一年から二〇一五年までのデータによる)。経済的に自立できる仕事に就くことが、再犯率の低さにもつながっていることがうかがわれる。

PPPでは出所した元受刑者がより安定した職に就けるよう、二〇一三年からは職業訓練のために奨学金の支給も始めた。現在四人いる受益者のうち、三人はグルーミングの専門学校に通い、一人は通信制大学で動物看護学を勉強している(第6章のクリス)。総額約七万ドルの奨学金は、すべて寄付によるもので、年一回おこなっている資金集めのイベントでのオークションの収入が原資になっているという。女性たちの奨学金のためのオークションに、これだけの寄付が集まることには感心せずにいられない。PPPの活動がどれだけコミュニティに支えられているかを実感する。

ボランティアとのかかわり

PPPは資金面だけでなく、人的にもコミュニティに支えられている。それは約五〇人いるボランティアの存在だ。刑務所には来ないが、資金集めイベントなどの手伝いをするボランティアが三〇人、介助犬候補の犬たちを外に連れ出す役割をするボランティアが二〇人いる。ふだん刑務所という限られた環境の中だけで過ごしている犬たちを、車が走り、大勢の人が動きまわる外の世界に連れ出し、スーパーマーケットやレストランなど公共の場に連れていく。刑務所と外の世界の橋渡しという重要な役割を担うボランティアは、ＰＰＰにとってなくてはならない存在である。

刑務所の中まで入るボランティアたちは、身元審査をパスしたうえで、刑務所によるオリエンテーションを受けなければならない。そして、ボランティア認定を受けると、バッジをもらい、スタッフの付き添いなしでＰＰＰの建物まで来ることが許可される。さらにレベルが上がると、他のボランティアのエスコートもできるようになる。

訓練中の犬を外に連れていくボランティアは、ＰＰＰでおこなわれるさまざまなクラスにも参加する。犬を人間の暮らす環境に慣らし、人間社会で生きていけるようにするための「社会化」のクラスや、介助犬の扱い方を学ぶハンドラーのクラスなど。指導するのはスタッフではなく、受刑者である。

私が見学させてもらった介助犬ハンドラーのクラスでは、落としたものをくわえて持ってくる、ケージのドアにつけた紐を引っ張って開けるなどのコマンドをボランティアたちが熱心に学んでいた。この日参加したのは女性三名、男性二名。女性ボランティアの一人に、ボランティアをしている理由を聞くと、彼女はこう答えた。

「この女性たちの役に立ちたいから。私たちがボランティアとして協力することで、一頭でも多くの犬が介助犬になれたら、彼女たちの励みになるもの」

すでに五年ほどボランティアをしているという男性も言った。

「ＰＰＰのボランティアを始めた理由は、介助犬の訓練に興味があったからだけど、ここの女性たちに接するうちに変わってきたんだ。いまはこの女性たちの更生のために役立てることに、何よりやりがいを感じている」

彼のような男性のボランティアは五名いるが、クラスを指導していたトレーナーのエイミーは、最初は男性ボランティアと接するのが苦痛だったという。彼女のように、過去に暴力的な男性に傷つけられ、男性に対して怖れや怒りを抱いている受刑者は少なくない。だが、男性ボランティアたちが彼女を一人の人間として尊重してくれていることがわかり、いまでは安心して話せるようになったそうだ。いずれ社会に戻っていく女性たちのために、ＰＰＰの環境をなるべく外の社会に近づけたいというのがベスの方針だが、その点でも男性ボランティアは重要な役割を担っている。

ＷＣＣＷではボランティアを積極的に募集しており、ボランティアが参加したり、あるいはボランティアによって運営されているプログラムが数多くある。ＷＣＣＷの収容人数は約七〇〇人だが、登録しているボランティアの数も七〇〇人近いそうだ。年々刑務所の予算が減り、さまざまなプログラムが削られていくなかで、ボランティアが予算削減分を補う役割を担っているという実情もあるようだが、地域コミュニティを巻き込

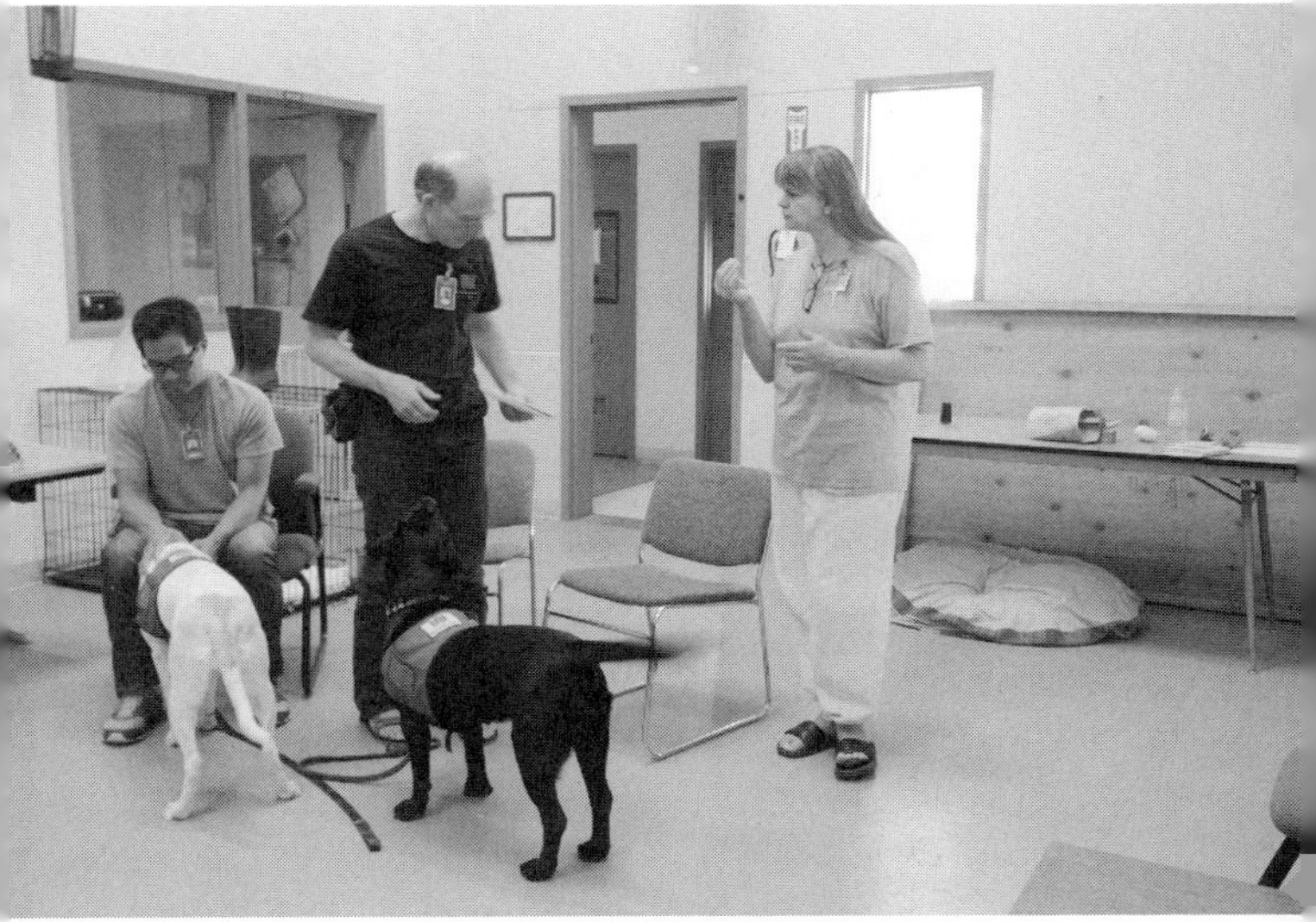

訓練クラスでボランティアの男性たちを指導する受刑者

み、ともに受刑者の更生に携わっていくことのメリットは計り知れないと思う。

受刑者にとっては、外の世界とのつながりを保ち、自分もコミュニティの一員であるとの意識を持てること。外部の専門家による多様なプログラムを受けられることで、世界が広がること。

ボランティアにとっては、刑務所とそこに収容されている人たちのことを知る――それは自分たちの社会について知ることでもある――と同時に、PPPの男性ボランティアが話していたように、道を誤った人の更生に役立つというやりがいが得られること。

人びとが受刑者の更生に関心を持ち、積極的にかかわるコミュニティであればあるほど、受刑者の社会復帰もよりスムーズになるにちがいない。PPPは介助犬育成やシェルターの動物の保護を通して、ふだんまったく刑務所とは縁のない人びと(私自身もそうだった)をも引きつけている。それもまた、このプログラムがおこなうさまざまな社会貢献の一つと言えるのではないだろうか。

第2章

介助犬アラニス

刑期は二七年

「アラニス・モリセットが好きなんだ。私の気持ちを歌ってくれているような気がして」

コニー(本章扉写真)は自分が初めて訓練した介助犬に、アラニスという名前をつけた。好きな女性シンガー、アラニス・モリセットにちなんで。

テーブルをへだてて座っているコニーの声は、太くて低い。袖まくりしたシャツから出ている腕もたくましい。それもそのはず、元は警備員だったのだという。コニーは一九六七年生まれ。私が出会った一九九七年は、この刑務所に来て六年目だった。

PPPの建物は、訓練場、犬舎、猫舎、そして犬のグルーミンググルームにわかれている。訓練場の中にはスタッフのオフィスが四つと会議室(二〇一六年現在はない)があり、コニーと私が向かい合って座っているのはその会議室だ。

コニーが四か月半ともに暮らして訓練した黒のラブラドール・レトリバー、アラニスは、多発性硬化症の男性のパートナーとなった。初めて訓練した犬が介助犬になるなんて、すごいですね——私がそう言うと、コニーはパッと笑顔になった。

「アラニスはほんとうにいい犬だった。根っから仕事が好きでね」

コニーはアラニスの訓練をしていた頃のことを話してくれた。

彼女はPPPにフルタイムで雇用される前は、「インサイド・アウト」という刑務所内の縫製工場で働いていた。有名ブランドのジーンズなども縫っているという、相当レベルの高い工場らしい。アラニスの訓練を任されたとき、コニーはまだプログラムと縫製工場の仕事をかけ持ちしていたので、毎日アラニスを連れて工場に出勤した。

「初めは私の足もとで『シット(お座り)』、『ステイ(待て)』、なんかの練習をしているだけだったんだけど、訓練を始めて何か月かすると、床に落とした物を何でも拾うようになったの。縫製道具をアラニスに渡して、裁断テーブルの向こう側にいる人に持っていくよう指示すると、口に道具をくわえて届けにいくようになった。それも尻尾を振って、喜びいさんでね。みんな拍手喝采だった！　最初のうちは大きな犬がこわいっていう人もいたんだけど、アラニスはすっかり工場のアイドルになっちゃったね」

アラニスの話をするコニーはほんとうに誇らしそうだ。まるで愛娘の自慢話でもしているように。

すっかり雰囲気が和んだところで、私は一番聞きづらい質問を持ち出した。

「どうしてここに来ることになったのか、よかったら話してもらえる？」

この質問に答えてくれるかどうかで、これからの長いインタビューの時間をともにしてもらえるかどうかが決まる。私は少し緊張して、答を待った。

が、意外なことに、コニーはためらう様子も見せず、あっさり答えてくれた。

「第一級殺人罪だよ」

――というと……？

「一九八八年、二一歳のとき、カリフォルニアからシアトルに観光に来て、たまたま知り合った男性とけんかになったんだ。そんなつもりは全然なかったのに、相手が死んでしまったの」

コニーはそこまで一気に、滑らかにしゃべり終えた。どうやらよく聞かれる質問らしく、答えるのは慣れているようだった。

――刑期は？

「判決では四一年だったんだけど、ここに来てからは、模範囚ということで減刑されて、二七年になった。だから二〇一七年に出所できる予定だよ」

じゃあ、あと二〇年なんだ――と私がつぶやくと、うん、あと二〇年、とコニーは淡々とした口調で繰り返した。

「でもね、長すぎるなんて思ってない。だって、人の命を奪ったんだもの。それはもう取り返しのつかないことなんだもの。刑務所にいてもいなくても、この罪は私が一生背負っていかなきゃならないんだから……」

コニーはそう言って、テーブルの上に組んだ両手の上に視線を落とした。

車椅子のダニエルとともに

コニーが手塩にかけたアラニスは、いまどんな生活をしているのだろう。受け取り手となった男性ダニエルは、ＷＣＣＷの地元であるギッグ・ハーバーに住んでいると聞いて、会いに行くことにした。

ショッピングモールや大型スーパーが並ぶ大きな通りに面した白い門を入ると、そこから先は閑静な住宅地だ。並木道に沿って、低層のアパートが並ぶ。一般道路から隔てられているため、居住者を除けば訪問者か宅配の車以外ほとんど車の往来がなく、時速も一五キロ以下と指定がある。なるほど、これなら介助犬と生活する車椅子の人にとっても安全な環境だ。

ダニエルのアパートを探し当て、玄関のベルを鳴らすと、彼のお母さんがドアを開けてくれた。事前に撮影したいとの希望を伝えてあったためか、アラニスは〝サービス・ドッグ（介助犬）〟と書かれた赤いバックパックを背負い、〝正装〟している。艶やかな黒い毛並みにバックパックの赤がよく映え、なかなか立派なたたずまいだ。でも、「この人誰かな？」と、ちょっと後ずさりしながら尻尾を振る様子がかわいらしい。電動車椅子に座ったダニエルが「アラニス、お客さんだよ」と言って私と握手すると、安心したようにダニエルの足もとにうずくまった。

ダニエルは三七歳。短く刈った金髪に、吸い込まれそうな青い目をしたハンサムな男性だ。声が出しづらいのか、少し震える声を絞り出すように一語一語はっきりと発音しながら、「彼女、すごい美人だと思わない？」とアラニスのほうに顔を傾ける。

ほんと、毛並みが絹糸みたいに光って、とってもきれい——私がそう言うと、ダニエルは満足そうに、「そうなんだ」とうなずく。

ダニエルは二六歳のとき、「多発性硬化症」との診断を受けた。脳と脊髄の全域にわたって、神経繊維を取りまく髄鞘《ずいしょう》が破壊されていくことから起こってくる病気だ。視力障害、手足がしびれて感覚が鈍くなる知覚障害、手足の動きがぎこちなくなる運動失調など、さまざまな症状が現われ、よくなったり悪くなったりを繰り返すうちに、少しずつ生活機能が失われていくのだという。発病の原因は解明されておらず、決定的な治療法もまだない。

病気が始まったのは、結婚した翌年のことだった。

「最初のうちは、毎日泣いて暮らしたよ。どうしてこの僕が、こんな目に会わなきゃならないんだと……」

カリフォルニア州のサンタバーバラで、ニューヨーク・タイムズ紙の配達担当マネージャーとして忙しく働き、油絵を描くのが好きだった青年は、突然の人生の暗転に打ちのめされた。症状が重くなるにつれ、妻への負担も大きくなっていった。結局二人は七

アラニスとコミュニティ・カレッジに通うダニエル

年後に離婚。ダニエルは妹の住むワシントン州に引っ越し、しばらく一人暮らしをしたが、彼の身を案じてサンタバーバラから出てきた母親と同居することになった。

介助犬のことを知ったのは、そんなある日のことだ。たまたま見ていたテレビの番組で、PPPの介助犬育成プログラムのことが紹介されていたのだ。

「自分が必要としていたのは、これだ！」

そう直感したダニエルは、すぐにPPPに電話した。そして一年後、待ちに待った連絡が入り、「あなたにぴったりの犬がいるかもしれない」と告げられたのだった。

ダニエルはさっそく犬に対面するために、女子刑務所を訪れた。訓練場に入ると、黒いラブラドール・レトリバーを連れたコニーが彼を待っていた。

「それはもう、ひと目惚れだった。僕はすっかり興奮してしまった……」

コニーからアラニスのリードを渡されたダニエルは、これこそ自分のパートナーになる犬だと確信した。それから刑務所に通い、コニーから介助犬の扱いについての指導を受ける日々が始まる。八週間後、ダニエルはアラニスを連れて帰宅することを許された。

それは、コニーにとっては別れの日だったが、ダニエルにとっては希望に満ちた新生活の始まりだった。

「多発性硬化症は、人によって現われる症状も違うし、進み方も違うんだけど、僕の場合は目がよく見えなくなったうえ、筋肉に力が入らず、ほとんど歩けなくなった。とくに困っているのは、手が震えてすぐ物を落としてしまうことなんだ。だから、アラニスが来てくれてどんなに助かっているか、とても口では言えないほどだよ」

ダニエルはかたわらのアラニスに視線を移し、「そうだよね、アラニス。君はほんとうによく僕を助けてくれているよね」と優しい声をかける。頭を上げ、嬉しそうに尻尾を振って応えるアラニス。

「これから近所のスーパーマーケットに出かけるんだけど、いっしょに来ない？　アラニスが働くところを見せてあげるよ」

ダニエルはアラニスのバックパックに財布をしまい、「犬を襲ってお金を取ろうと思う奴はいないよね」と茶目っ気たっぷりに言う。

家の前で待っていると、まもなくダニエルが頼んであった車椅子専用のシャトルバスが到着した。郡によって運営されているこのバスは、地域に住む障害者の自宅と、銀行、役所、図書館、スーパーマーケットなどを結んで運行されていて、運賃は片道四五セント（約五〇円）だ。

リフトで車椅子ごと車内に運ばれ、安全ベルトを装着したダニエルの横にアラニスが腰を下ろし、さあ出発というとき、いよいよアラニスの出番がやってきた。運賃を払おうとしたダニエルの手が震え、小銭が床に落ちてしまったのだ。アラニスはダニエルが言葉を発する前に、もう立ち上がっていた。そして歯と舌でけんめいに小銭をたぐり寄せ、見事口にくわえて渡すことに成功した。こんな小さなものまで拾えるとはたいしたものだ――私はすっかり感心してしまった。それにバスの運転手がアラニスの唾液で濡れているはずの小銭を笑顔で受け取ったのも、とても感じがよかった。

スーパーマーケットに入ると、ダニエルはミネラルウォーターのコーナーを探す。大きな犬を脇に従え、電動車椅子を操って店内を動きまわる彼に特別な目を向ける人は誰もいない。ときおりすれ違った人がアラニスを見て微笑むぐらいだ。みんな、介助犬が店内にいることを当然のこととして受けとめているようだった。

ダニエルはエビアンのボトルを一本買った。彼がアラニスのバックパックから財布を取り出すのを、レジの若い女性はニコニコしながら見ている。

「なんてすてきな犬！　お利口さんなのね」

彼女はうらやましそうにダニエルに言った。

「私もこんな犬がほしいわ」

買い物を済ませ、店の入口でシャトルバスの迎えを待ちながら、ダニエルは話し始めた。

「アラニスが来る前は、こんなことさえしなかったよ。朝起きても何一つする気になれず、ああ、今日も昨日と同じ一日なのか……とため息をついていた。でもいまは、アラニスと出かける、という目的ができたんだ。今日はどこに行こうか、考える楽しみが

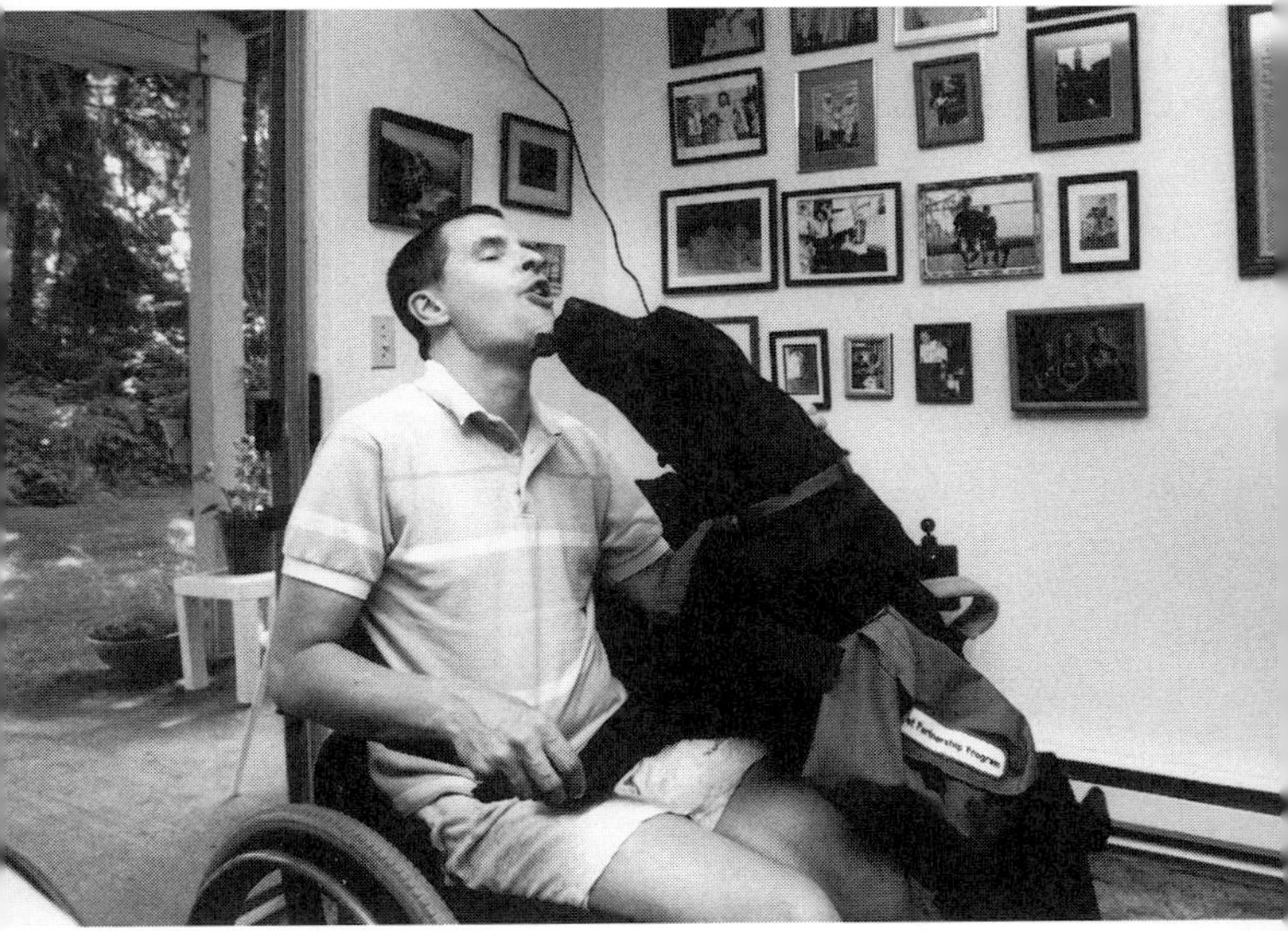

介助犬は，どんなときもそばにいてくれるパートナー

できたんだよ！」

多発性硬化症はよくわからない病気でね、とダニエルは続けた。

「いい日もあれば、悪い日もある。時間によっても体調が変わる。でも、アラニスはすべてを分かち合ってくれる友だちなんだ」

僕はアラニスを心から信頼している——そう言って、ダニエルはこんな話をしてくれた。

「アラニスが家に来た最初の週のことだった。僕は電動車椅子で外出しようとしていた。アラニスに『ステイ(待て)』と指示し、一足先に玄関前の約一五センチの段差を降りようとした。ところがその日はとくにバランスが悪く、車椅子がひっくり返って、道路に投げ出されてしまったんだ。さらに悪いことに、アラニスは『ステイ』のコマンドを破って一目散に走り出し、姿が見えなくなってしまった。

『なんて犬だ。主人を置いて逃げてしまうとは』

僕は腹を立てながら、なんとか車椅子にたどり着こうとした。そしてようやく体勢を立て直し、アラニスを捜しにいこうとしたときだ。アラニスが近所の人を連れ、通りの向こうから全速力で走って戻ってくるのが見えたんだ……。

そのときはっきりわかったことがある。アラニスは僕のパートナー。何があっても僕を助け、僕のそばにいてくれる存在なんだと」

ダニエルはアラニスの頭にそっと手を置く。アラニスは忠実そうな目で彼を見上げる。

「僕はいま、とても幸せだ。この病気は死に至る病じゃない。ただちょっと、以前と違う生活をしなければならないだけなんだ。アラニスがいれば、僕はいろんなことができる。スカイダイビングにだってチャレンジしてみたい。自分でビジネスも始めてみたい。人生は、まだまだこれからなんだ！」

目を輝かせ、これからの夢について語るダニエル。コニーがいまの彼を見たら、どんなに嬉しく思うだろう。自分の育てた犬が、一人の人間にこれほどの希望をもたらしたことを知ったら、どんなに気持ちが救われるだろう。

ダニエルの家をあとにしながら、私は考えた。殺人という取り返しのつかない罪を犯し、残りの人生のおそらく半分近くを刑務所の塀の中で過ごすコニー。彼女はいま、自分の人生にどんな意味を見いだしているのだろう。刑務所の中で介助犬を育成するプログラムに出会ったことは、彼女の生き方をどう変えていくことになるのだろうか――。

否認、罪の意識、そして悪夢

コニーは、サウスカロライナ州のグリーンヴィルという町で生まれた。両親は彼女がまだ赤ん坊のときに離婚した。

コニーが八歳のとき、父親は六人の子どもを抱えた女性と再婚し、カリフォルニアに引っ越した。二歳年上の兄とコニーは、一年を半分ずつ、母親のいるサウスカロライナと父親の住むカリフォルニアで暮らすことになる。父とも母とも、一度に一年以上いっしょに暮らしたことはないという。当然ながら、学校生活も半々に分断され、転校を繰り返すことになった。その頃のことを振り返って、コニーは言う。

「父か母か、たえずどちらかを選ばなきゃならなかったのがつらかった。その生活にもやがて慣れてしまったけどね。でも、親の愛に飢えていたとは思わない。父も母も、私を愛してくれたと思うよ」

コニーが一二歳のとき、父親が再婚相手と離婚した。コニーは体をこわして病気がちだった父親と同居し、大人のように家事一般を取りしきるようになる。その頃の将来の夢は、父と同じように海兵隊員になることだった。

コニーは自他ともに認めるＬＧＢＴだ。子どもの頃から、女の子の持ち物や遊びにはまったく興味がなく、男の子とばかり遊んでいたという。

「あの戦闘服や、ハードな銃を持つことにあこがれてたんだ」と、コニーは笑った。

外国大使館の警備をしてみたかったという彼女は、その後、高校を卒業してすぐ武道を習い始め、警備員の資格を取るための専門学校に進む。そして、あこがれの職業に就いて二年後に、あの事件が起こる――。

それは、一九八八年の夏に起きた。ガールフレンドのトニーとその兄マイクと三人でシアトルに遊びに来たコニーは、ヒッチハイク中に車に乗せてもらったことがきっかけで、屋根の修理会社を経営している三五歳の男性と知り合った。その後、招かれて彼の自宅に遊びに行き、キッチンで酒を飲むうち、酔ったマイクと男性が口論を始めた。

「トニーと私は居間に座っていた。そしたらキッチンにいる二人が言い争う声が聞こえて……見にいったら、殴り合いになってたんだ。私は二人を引き離そうと思って、何か殴るものを探した。そしてその辺にあった屋根の修理道具、金づちのようなものだったと思う……をつかんで、その男性の頭を殴ったの。ちょっと気絶させるだけのつもりで。でも、――その前だったか後だったか？――、マイクがナイフを取り出して、彼を刺してしまった。私たちはみんな、床に横たわる彼にまだ息があるのかどうか確かめもせず、逃げてしまった……」

そのときのことをぽつりぽつりと語るうち、コニーの顔は全力疾走したあとのように真っ赤になっていった。見ると額には玉のような汗が浮いている。彼女の目はもう私を見ていなかった。自分の手元にじっと注がれている。

つらかったら、この話はやめてもいいから――私がそう言うと、コニーはホッとしたようだった。額の汗をぬぐいながら、フーと深い息をついた。彼女はしばらく無言だったが、やがて口を開き、申しわけなさそうに言った。

「あのときのこと、じつはほとんど記憶がないんだ」

いま私に話してくれたことは、あとから裁判の過程で言われたことで、コニー自身は断片的にしか覚えていないのだという。いまでも鮮明に思い出せるのは、倒れた男性を残して逃亡したときの自分の気持ちだけ。

「これでもう私の人生はおしまいだ」

はっきりとそう感じたのだという。

「事件の後、トニーと私はカリフォルニアを出て、オレゴン州の小さな田舎町に移った。そこでは老人ホームで介護補助をしたり、銀行の清掃をしたりして働いたの。小さな庭付きのアパートを借りて、近所づきあいやささやかな庭いじりを楽しむ平穏な毎日だった。……逃避行のつもりはなかった。オレゴン州の運転免許も実名で取ったしね。でも、現実に向き合う勇気はなかったんだ。

逃げ切れるとは思ってなかったよ。私の指紋が残っていたはずだから。……でも、どうしても自分から出頭することはできなかった。一日でも長く、普通の暮らしがしたかったから……」

一九八九年一二月のある夜、激しいノックの音とともに、アパートのドアが開け放たれた。武装した警官たちがなだれ込み、ベッドで寝ていた二人の目の前に銃が突きつけられた。コニーは力づくで現実世界に引き戻された。

「それなのに、私はこの期に及んでもまだシラを切り続けてた。シアトルには行ったこともないと嘘をついて……」

アメリカでは事件を裁判に持ち込む前に、多くの場合、司法取引という一種の事前交渉がおこなわれる。自分の罪を認める、あるいは共犯者を告発したり、捜査に協力したりすることで刑を軽くしてもらうというものだ。

コニーの場合、検察側は「第一級殺人罪で刑期二〇年」という条件を受け入れるよう司法取引を持ちかけてきた。だが、コニーは拒否した。裁判で争えば、自分の罪は「殺人」ではなく「過失致死」になると思っていたので、司法取引をしても何のメリットもないと考えたからだ。

「でも、実際に法廷に立ってみると、殺意はなかったんだと言っても信じてもらえなかった。それに、犠牲者の男性の家族が嘆き悲しむ姿を見続けるうち、心の内側に押し込めていた罪の意識が、どうしようもなく噴き出してきて……。

自分のしたことを認めよう。私はそう決心した。でも、それはちょっと遅すぎたんだ。すでに裁判官も陪審員も私のことを最悪の犯罪者だと思っていた。人の安全を守る警備員のくせにこんなことをしでかして、一年間も逃げていたうえ、児童虐待や家庭崩壊の犠牲者でもない。結局、情状酌量の余地なしと見なされて、通常の殺人罪よりはるかに重い四一年の刑を言い渡された……」

男性を刺したマイクには、さらに重い五一年の刑が科された。ガールフレンドのトニーは、罰金と社会奉仕作業というごく軽い罰で済んだ。

「トニーとは、それ以来会ってないんだ。いっさい連絡を取るのもやめようって、私のほうから言ったから……」

コニーは一瞬言葉を止め、遠くを見るような表情をした。

「ここに来て、何度も手紙を書きたいと思ったよ。介助犬を育ててることを知らせたくて。でも、彼女はもう新しい人生を始めてるにちがいないもの。古傷を開けるようなことはしないほうがいい。手紙は……きっと書かないだろうね」

女子刑務所に送られたコニーがどうなったか、またここWCCWに舞台を戻そう。

コニーはまず、最重警備ユニットに入れられた。この刑務所の生活棟は、犯罪の重大性や刑期の長さ、収監中の態度などによって、三つのセキュリティ・レベルにわかれている。最重警備ユニットから始まって、次は中警備ユニット、最後は出所までの時間が短い受刑者を収容する軽警備ユニットとなる(その他に、精神的な病気や障害などにより治療を必要とする受刑者のためのユニット、赤ん坊と母親がいっしょに暮らせる育児ユニットもある)。現在コニーが収容されているのは、中警備ユニットだ。

まるで巨大なコンクリートの箱のような最重警備ユニットの灰色の建物では、一日三回、一時間ずつの運動時間と、食事、カウンセリング、学校に通う時間以外は、外から鍵をかけた部屋に閉じ込められる。トイレももちろん部屋の中だ。最初の二年間をコニーはここで暮らし、〝収監される〟とはどんなことか、たっぷり味わった。

「手錠と足枷《あしかせ》をつけられて、何重もの有刺鉄線のフェンスの内側に連れてこられて、死ぬほど怖かった。これから四一年間、ここで暮らすのか思うと……。でも、四一年っていったいどのくらいの時間なのか、見当もつかなかった。過去も未来も、わからなかった。考えられなかった。まるで闇のまっただ中に宙づりにされたようなものだったよ。刑務官たちは私への嫌悪を隠さなかった。私にはとくに厳しい態度を取るのがわかった。彼らにとって、私は凶悪で危険な殺人犯だったからね……。でも、私はそんな人間じゃない。ほんとうは人を殺すような人間じゃない。それなのに、いったいどうしてこんなことになってしまったのか……。

自分を守るためには、感じることをやめてしまう以外なかった。感覚を麻痺《まひ》させ、自分の殻に閉じこもる以外、ここで生き延びる方法はなかったんだ」

何年ものあいだ、コニーは悪夢を見続けた。それはいつも同じような夢で、犠牲者の男性がまるで生きているかのようにリアルに現われるのだという。

「父の家を訪ねたら、父は通りにとめたトラックの中にいるの。ところが、ドアを開けて下りてきたのは父ではなく、彼なんだ。透きとおるような緑の目で、何か言いたそうに私のほうに向かってくる。怒っているようには見えない。でも私は怖くて、逃げようとする……と、そこでいつも目が覚めるんだ」

魂への罰は、現世での罰、つまり刑務所よりずっと恐ろしい、とコニーは言った。この刑務所からはいつか出られる。でも、心の中の刑務所からは出られないのではないか……。

コニーとアラニスの出会い

一九九六年、すでに中警備ユニットに移っていたコニーは、犬を連れた受刑者と同室になった。ＰＰＰで介助犬をめざして訓練中の犬だった。幼い頃から犬と親しんで育ったコニーは、すっかりその犬に夢中になった。聞けば、プログラムに雇用されれば自分の犬を任され、二四時間いっしょに暮らせるという。それはとても魅力的に聞こえた。

これまで三年間働いてきた縫製工場の仕事も悪くはなかったが、コニーはＰＰＰへの転職をめざし、ペットケアの講座に通い始めた。プログラムに雇用されるためには、まず講座をひととおり受講し終えた後、試験に合格しなければならない。その後さらに一年間のボランティア期間を経て、コニーはようやく初めての犬を受け持つことになった。それは、正式にトレーナーとして雇用されるかどうかの試用期間でもあった。

身を引きしめて待つコニーの前に連れてこられたのは、黒い雌のラブラドール・レトリバー、のちのアラニスだった。別の施設で麻薬探知犬としての訓練を受けたがうまくいかず、このプログラムに引き取られた犬だった。穏やかな、優しい目をしている。

「なんてかわいい犬なんだろう！」

コニーはひと目で自分の犬を気に入った。

さっそくお風呂に連れていき、シャワーで体を洗ってドライヤーで乾かす。そのあいだアラニスは嫌がる様子もなく、じっとされるがままにおとなしくしていた。この犬はもう私を信頼している――コニーは嬉しくなった。

最初はまわりに大勢人がいることに怯えていたアラニスだったが、三日もすると慣れてしまった。どこに行くにもいっしょに連れ歩くうち、アラニスはコニーの日課をすべて覚えてしまい、外に出る時間になると、何も言われなくても立ち上がって催促するようになった。

コニーはその頃一日に一〇時間、縫製工場で働いていた。そのあいだアラニスが退屈しないように、布の切れ端を集めてぬいぐるみを作ってやり、足もとに置くベッドも作った。アラニスはすぐに工場のみんなにかわいがられるようになり、マスコットのような存在になった。

「私はアラニスはきっと介助犬になれると信じてた。物をくわえて持ってくるのが好きだし、尻尾を踏まれてもニコニコしてるような犬なんだもの。私のコマンドにもよく耳を傾けていたから、指示が何を意味しているのかさえ理解できれば、いける、と思った」

コニーとアラニスのあいだに強い絆が生まれるのに、時間はかからなかった。いつか別れの日が来ることを承知していたから、あまり有頂天にならないように自分を抑えていたつもりだが、それでもコニーは、アラニスに夢中にならずにいられなかった。夜はベッドで同じ枕を分け合い、アラニスの体に腕を回して眠った。

じつはプログラムでは、犬は部屋の床に置いたケージの中で寝かせるように指導している。下半身に感覚のない人に犬がもたれかかって寝てしまったら、血行を阻害しても気づかない危険があるからだ。コニーも後にアラニスをケージで寝るよう訓練することになったが、最初はどうしてもできなかったという。

「あの温かさ、安心感、心地よさに私は飢えてたんだと思う。ここでは、けっして手に入らないものだから……」

女子刑務所の中では、相手の体にはいっさい触れてはならない、という規則がある。初対面の相手とは握手、親しい者どうしは抱き合って挨拶するのが慣例のアメリカ社会においては、きわめて異質なルールだ。受刑者どうしだけでなく、刑務所にかかわる人すべてに適用されるため、訪問者である私もコニーとは握手することができない。それはなぜかというと、ふれあうことによって、性的関係に発展するのを防止するためなのだそうだ。

「寂しいとき――たいてい、いつも寂しいけど――あのぬくもりを与えてくれるのは犬だけなんだ」

アラニスがコニーのもとに来たのは一九九六年の一一月。その年は刑務所に来て以来、初めてクリスマスをいっしょに過ごす相手ができた。コニーは通信販売のカタログを見て、一ポンド(約四五〇グラム)のソーセージを買い、アラニスにプレゼントした。

アメリカのクリスマスは日本のお正月と同じようなもので、あちこちに離れて住む家族がこの日だけは一堂に集まる。プレゼントを交換し合い、ごちそうを食べ、おおいに笑うクリスマス。でも、自分一人だけがそこにいない――「クリスマスは一年で一番寂しい日」だと、コニーはつぶやいた。

ところで、コニーの家族は刑務所にいる彼女と連絡を取っているのだろうか。父親は一九八八年にすでに病気で他界したと聞いたが、ジョージア州に住む母親はまだ健在のはずだった。

「母は年に一度、『トレーラー訪問』のときに来てくれるの。私の好物の料理をいっぱい持ってね。この刑務所の敷地内には受刑者が家族と泊まれるトレーラー・ハウス(トレーラーを改造して家にしたもので、移動可能)があって、まるで普通の家にいるみたいな雰囲気で会えるんだ。面会室だと他の受刑者たちも大勢いるし、刑務官もいるし、いかにも刑務所の雰囲気で、母につらい思いをさせてしまう。私がここにいるだけでもう十分苦しんでいるんだから、トレーラー・ハウスで会うのが一番いいんだよ」

でも、とコニーは顔をしかめながら言った。

「訪問のあとには、全身素っ裸にされてすみずみまで調べられる『ストリップ・サーチ』が待ってるんだ。久しぶりに母に会えた喜びを、それで台無しにされてしまう……」

もう六年もここにいて、たいがいのことには慣れたけど、ストリップ・サーチだけは絶対に慣れることができない。これほどまでに人の尊厳を傷つけることに、どうして慣れられる？——コニーの声に怒りがこもった。

お母さんはあなたのことが心配でしょうね——私が言うと、コニーは肩を落としてうなずいた。

「そう、母はずっと自分を責めてる。こんなことになったのは自分のせいだって。父と離婚したとき、どうして私たちを引き取って、ずっと手元に置かなかったのかって……。父と母のあいだを行ったり来たりする生活が、私を不安定な人間にしてしまったと思ってるんだよ……」

そして、これまでの穏やかな口調とは打って変わって強い調子で言った。

「でも、こうなったのは母のせいじゃない。自分の責任なんだよ。あの頃の私は人生をなめてた。人生なんてこんなもんだ、って、わかった気でいたのがいけなかった。それなのに、ここにいる受刑者はみんな自分の罪を人のせいにする。子どもの頃虐待を受けたせいだとか、親に愛されなかったからだとか……。だけど、犯罪をしたのは自分じゃないか。自分自身の責任を認めないかぎり、人間は絶対に変わらない！　刑務所を出たってまた同じことを繰り返すだけだよ！」

いつもは物静かなコニーが、手を振り上げ、いまにもテーブルを叩きそうな勢いだ。この話になると憤りを隠せない様子だった。

「こんな話、他の受刑者とはしないことにしてるんだ。かかわりたくないからね。だいたい、うんざりする話ばかりなんだもの。通りでぶらぶら暮らしてドラッグやアルコール漬けの生活をしてたとか、他のギャング・グループとの抗争に勝った自慢話とか……もう聞き飽きたよ。私は社会に戻って、もう一度やり直したいの。そのためにここにいるのに、刑務所の毒に染まるのはごめんだよ！」

――では、あなたはここでは孤立している？　信頼できる人はいない？

「このプログラムの中には、信頼できる人もいるよ。でも、ここに来る時間以外はたいてい自分の部屋に閉じこもって、犬といっしょにテレビを見るか、ギターを弾いてる。夜はアラニスと並んで床に座り、レスリングの中継やアニメ番組を観たよ。アラニスはどういうわけか、アニメが大好きだったんでね。

そして、心の中にもやもやした思いが溜まってどうしようもなくなったら、詩を書いて、それに合わせてギターで曲を付けるんだ。誰ともつき合わずに部屋に閉じこもっていても、全然つらいとは思わない。だって、犬がそばにいてくれるんだから。アラニスの目を覗《のぞ》き込むと、いつも何を考えているかわかった。私が沈んでいると目の前にやってきてお座りし、心配そうに私の顔を見上げた。何の言葉も交わしてはいないのに、お互いの気持ちがわかり合えるんだ」

コニーはふっとため息をつき、頭を振った。

「……とにかく、犬のほうが人間よりずっとつき合いやすいよ。はっきり言って、どんなに悪い犬でも、ここの人間たちよりはましだね」

アラニスの訓練の様子に話を戻そう。

縫製工場のアイドルとなったアラニスは、毎日コニーといっしょに出勤し、そこでいろいろな訓練を受けた。「シット(お座り)」、「ダウン(伏せ)」、「ステイ(待て)」などの基本的なコマンドはすぐ覚えた。ドアのノブに付けた紐をくわえて引っ張り、ドアを開けることもできるようになった。だが、落ちた物をくわえるのは好きだったものの、それをコニーのところに持ってくることにはなかなか結びつかない。「ブリング(持ってきて)」のコマンドの意味が理解できさえすれば……とコニーはもどかしく思った。これが理解できなければ介助犬にはなれないのだ。

だが、訓練を始めて三か月後のある日、突然、光が射した。アラニスが床に落ちたミシンの部品をくわえたかと思うと、それをまっすぐコニーのところに持ってきたのだ。それからは、落ちた物は何でも拾い、持ってくるようになった。まわりで働く受刑者たちの名前を覚え、指示された人のところに持っていくこともできるようになった。

これなら訓練の仕上がりは近い――心の中で成功を確信してから一か月後、ディレクターのジーンから、アラニスを受け取る候補者が決まった、と告げられた。それがダニエルだったのだ。彼が初めて刑務所に来た日のことを、コニーはこう語った。

「アラニスはダニエルをひと目見たとたん、この人が自分の主人になる、とわかったみたいだった。ダニエルのほうもアラニスにひと目惚れだった。言葉ではうまく説明できないけど……。とにかく何かが二人のあいだで弾けて、ああ、きっとこの二人はいいペアになる、と確信できたの」

ダニエルとの合同訓練では、彼のニーズに合わせ、いくつか訓練の修正をしたり、新しい仕事を教えたりすることが必要になった。たとえば、アラニスにはそれまで車椅子の左側を歩くよう教えていたのが、ダニエルの電動車椅子の仕様に合わせ、右側につくよう訓練し直した。また、ダニエルがベッドから起き上がるとき、彼の服の袖を引っ張り、助けることを新たに教えた。

「毎晩自分のベッドで横になり、『プル(引っ張って)』と言いながらアラニスの目の前でおもちゃを振って、それをくわえて引っ張らせることから訓練を始めたの。アラニスはすぐにできるようになったよ」

また、アラニスをダニエルの家族に慣らすようにもした。ダニエルの母親や妹もできるかぎり合同訓練に参加し、ダニエルがコマンドを出して、アラニスが彼女たちに物を持っていく練習などをした。

「ダニエルとアラニスの相性には何の問題もなかった。私の思ったとおり、二人はすぐにぴったりと息が合った。だから、訓練の中心課題は、ダニエルに犬の扱い方を教える——つまり、犬にとってのリーダーになることを教えることだったの。受け取り手が何よりも学ばなければならないのは、そこなんだよ。たとえば、初めのうちダニエルは、アラニスが気をそらしてもそのままにしてたけど、それではだめなんだ。犬は、気をそらしてもいいんだと思ってしまう。だから、アラニスが気をそらしたり、指示に従わなかったりしたときには、はっきり『ウロング(まちがい)』と言って、いちいちやり直すよう指導したの」

ダニエルは熱心に合同訓練に取り組み、少しずつ犬の扱いを覚えていった。そして、八週間後、ダニエルに連れられて、アラニスは刑務所を出ていくことになった。

——アラニスが巣立っていくときは、どんな気持ちがした?

私は半ば答を予測しつつ、聞いてみた(初めて愛情を注いだ犬と別れるのは、さぞつ

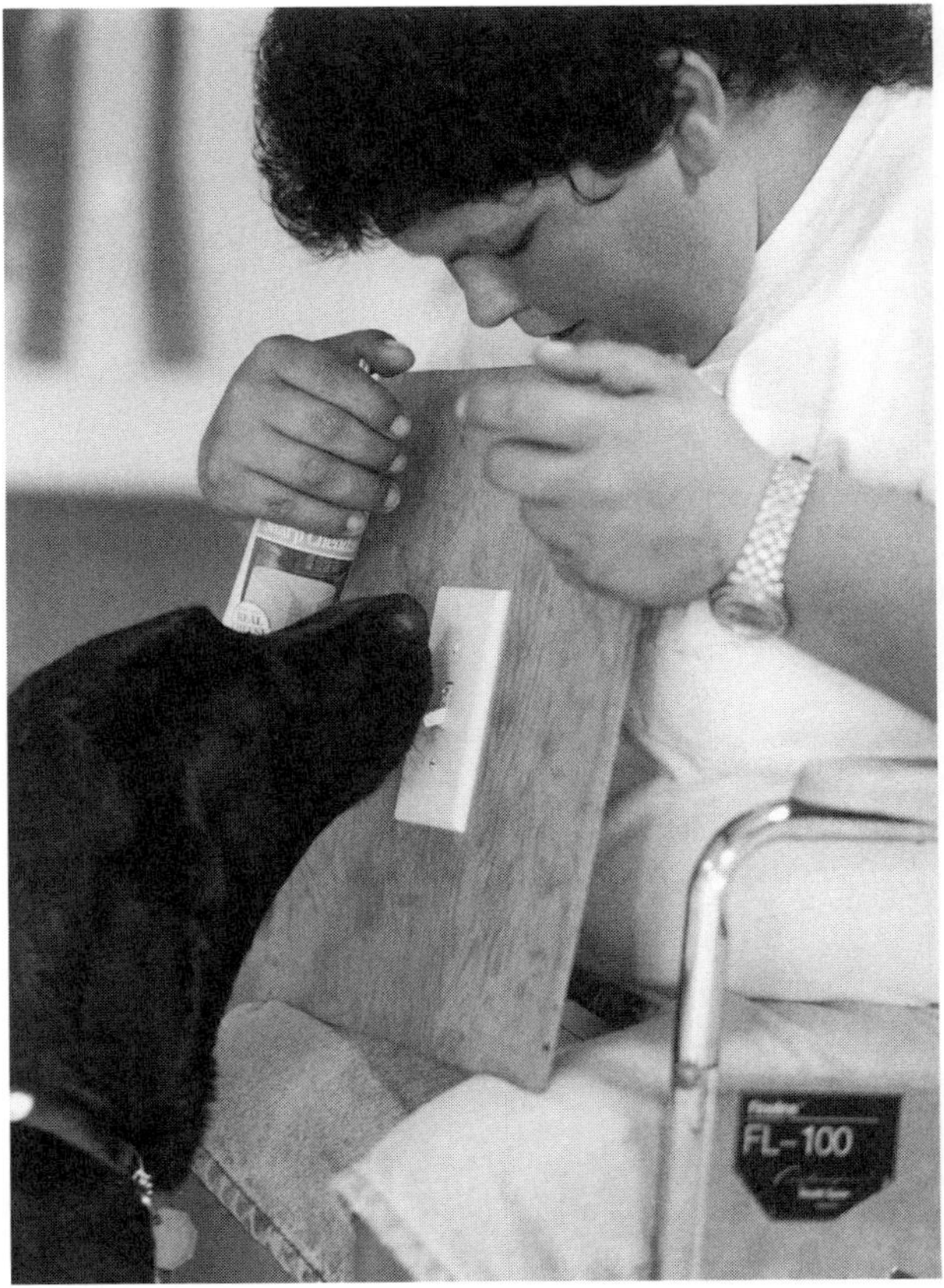

電気のスイッチの ON/OFF をアラニスに教えるコニー

らかっただろう)。

すると、コニーは静かに微笑んだ。

「ただただ、嬉しかった。誇らしかった……」

それは想像していたのとは違う答だった。意外そうな私の表情を見て、コニーは言葉を探そうとするように、ゆっくりと話し始めた。

「刑務所に来てからそれまで、私は生きているとは言えなかった。縫製工場では、一日一〇時間働いて、そのうえさらに残業があるとありがたかった。とにかく早く時間が過ぎることだけを願っていたから……。でも、心は麻痺して、何も感じられなかったの。アラニスに出会ってからだよ、もう一度生き始めたのは……。アラニスは、私でも誰かの役に立てることを教えてくれた。人の命を奪ったこの私が、社会に何かをお返しできることを。……自分のなかで癒しが始まったと感じられたのはそれから。自分自身を、ほんの少し肯定できるようになっていった。それまでは、そうしてはいけないと自分自身に言い聞かせてたんだ。でも、アラニスとこのプログラムが、それを許してくれたんだよ……」

「ダニエルはこの私に『ありがとう』と言ってくれた。ここに来てから初めて、犯罪者としてではなく、一人の人間として扱ってくれた……」

一言一言、想いを噛みしめるように、コニーは語った。

一九九七年三月。コニーの最初の犬アラニスは、介助犬として刑務所の門を出ていった。そしてコニーは縫製工場をやめて、正式にPPPのトレーナーとして雇用されることになった。

コニーの部屋

私はぜひコニーとアラニスのきちんとしたポートレートを撮りたいと思い、ディレクターのジーンに頼んでみた。さいわいダニエルは近くに住んでいるので、ジーンが車でアラニスを連れてきてくれることになった。

アラニスは訓練場に入ってリードを解かれると、すぐさまコニーを見つけ、足もとに駆け寄った。

「アラニス、元気だった？」

コニーは艶やかな頭を抱きしめ、何度もほおずりする。コニーの顔にキスを浴びせ、激しく尻尾を振って全身で喜びを表わすアラニス。まるでつい昨日までいっしょにいたかのようだ。

撮影のために、コニーが暮らす中警備ユニットへ。外からは校舎か寮のように見えていた生活棟だったが、内部は刑務所らしく、警備を優先した造りになっていた。真ん中にいくつかのテーブルと椅子を備えつけた公共スペースがあり、それを取り囲むように受刑者たちの居室がある。大きく部屋番号をペイントしたすべてのドアが公共スペースのほうを向くように設計されており、刑務官がそこからひと目で全体の様子を把握できるようになっている。

コニーの部屋に入ると、すぐに大きな犬用のケージが目に入った。犬のおもちゃ、犬の食器、ドッグフード……約三メートル四方の狭い部屋のかなりの部分を犬グッズが占めている。二人で一部屋を使うように二段ベッドが備えつけられており、コニーには下のベッドが割り当てられていた。小さなテレビにカセットデッキも置いてある。

これらは持ち込みが許されるわけではなく、自分でお金を払って買わなければならない、と説明を受けた。家電品だけでなく、歯磨き、歯ブラシ、化粧品、生理用品などの日用品もすべて、刑務所内にある売店で調達することになっているそうだ。したがって、家族や友人から十分な送金のある一部の受刑者を除き、多くの受刑者は働かないとここでは暮らしていけないので、食堂での調理、刑務所内の清掃、各種学校での教師のアシスタントなど、何らかの仕事に就いている。

コニーがベッドに腰かけると、アラニスはすぐさまベッドに飛びのり、体をすり寄せた。なんだか慣れてるみたいだねえ——私がそう冷やかすと、コニーは「ジーンには内緒だよ！」と笑って、犬の背中をぽんぽんと叩いた。

撮影を終え、生活棟の外に出ると、コニーは「これがアラニスのお気に入りの遊びだったんだ」とフリスビーを手にしている。青く晴れ渡った空に白いフリスビーが舞い上がるたび、アラニスは黒く輝く体を踊らせて宙に飛ぶ。キャッチすると、一目散にコニーのもとに持ってくる。ふたたびコニーが投げ、アラニスが追いかける。

どれほどのあいだ、そうして無心に遊んでいただろうか。午後三時半、プログラムの終了時間になった。次の朝まで各部屋には鍵がかけられ、表のドアが閉じられる。あとは夜勤の受刑者が六時一五分に来て、犬舎にいる犬たちの様子をチェックするだけ。受刑者たちとスタッフは、犬たちを引き連れてセキュリティ・ゲートまで歩いた。

「バイ、アラニス。いい子でいるんだよ」

そこまで来ると、コニーはアラニスの頭を愛おしそうに撫でたあと、くるりと向きを変えて自分の生活棟に戻っていった。ジーンと私はそのまま歩き続け、アラニスを連れてセキュリティ・ゲートの外に出た。

コニーのその後

私が最後にコニーに会ったのは、二〇〇二年。コニーはその後もずっとPPPで働いた後、二〇〇八年、WCCWから母親やきょうだいたちの住むサウスカロライナ州の刑務所に移送になった。二〇年以上も家族と離れて暮らし、自分だけが「他人」になってしまっている——出所後のためにも、家族との絆を取り戻したいと思ったコニーは、ワシントン州矯正局に転所を願い出て、許可されたのだった。

ただ、サウスカロライナの女子刑務所の環境はＷＣＣＷとはまったく異なっていた。教育プログラムも、収入を得られる仕事もごくわずかで、そこに「新入り」であるコニーが入る余地はなかった。このまま手に職をつけることもできず、出所の日を迎えるのか——あせったコニーは、無給でいいからと点訳のクラスに入れてもらい、なんとか技能証明書を取るところまではこぎつけたそうだ。

だが、そんな苦闘の日々に、いま光が射し始めている。なんと、彼女のいる刑務所の所長が、犬の訓練プログラムを導入しようと動き始めたのだ。全米の刑務所にはすでにさまざまな犬の訓練プログラムがあるが、ＰＰＰと同じように、シェルターから引き取った犬を訓練し、犬舎管理やグルーミングを通しての職業訓練もおこないたいと考えているそうだ。コニーはＰＰＰでの長年の経験を買われ、現在プログラムの立ち上げにかかわっているのだという。

二〇一六年の春にサウスカロライナから届いた彼女からの手紙は、希望の言葉で締めくくられていた。

自分が一番得意なことで貢献できて、ほんとうに幸せ。残りの刑期は一八か月半だけど、ここを出たあともプログラムの立ち上げを手伝うつもりです。(中略)

ベス（PPPディレクター）が言っていた言葉がいつも心の中にあります。「期待することで変化を起こすことはできない。自分自身が変わることによって初めて変化が起こる」。ベスとPPPは、ほんとうにたくさんの人生の教訓を与えてくれました。私のなかに変化を植えつけてくれたことに、永遠に感謝し続けます。

介助犬アラニスとダニエルは、もうこの世にいない。正確な年はわからないが、ダニエルはアラニスがまだ現役のときに病状が悪化して亡くなった。アラニスはその後、別の女性の介助犬となったが、引退前にがんで死亡したそうだ。

コニーが情熱を込めて訓練した犬は、最後まで誰かの生活を支え続けたのだった。

そんなふうに人のために尽くせる動物は、犬以外にいないと思う。

手紙の行間からは、コニーの思いがにじみ出ているようだった。

コラム① 虐待された犬を癒す

第1章でも述べたように、PPPの活動の大きな柱の一つは、アニマル・シェルターに保護されたものの行き場のない犬たちが、一頭でも多く新たな家庭に引き取られるようにすることだ。これまでも、介助犬やセラピー犬候補の犬だけではなく、問題行動があるために捨てられた犬を預かって訓練したり、汚れて見栄えの悪い犬たちをグルーミングし、きれいな姿でシェルターに戻すなど、シェルターの犬たちが引き取られやすくするための活動をおこなってきた。

あるとき、PPPでは、「パピー・ミル」(劣悪な環境で子犬を大量生産する悪質ブリーダー)から救出された、三頭のマスティーフの訓練を引き受けた。そこでは二五〇頭以上の犬たちが、食べ物もろくに与えられず、狭いケージの中に押し込められたり、立木につながれて放置されていたのだという。マスティーフたちは、その現場に実力行使で踏み込んだ動物愛護団体に助け出されたのだった。だが、骨と皮ばかりに痩せこけ、人が近づくと唸り、嚙みつこうとするマスティーフたちは愛護団体の手に負えなかった。そこで、なんとか一般家庭のペットになれるように訓

ブルータスを訓練するスー

練してほしい、とプログラムに持ち込まれたのである。

受刑者の女性たちは、ひどい虐待を受けたこの犬たちを温かく迎えた。なかでも、第一級殺人罪で一九歳のときから服役して一八年になるスーは、ブルータスと名づけた雄のマスティーフにありったけの愛情を注いだ。

一九九七年の四月の終わりにPPPに連れてこられたブルータスは、私が訪問した同じ年の七月には、見知らぬ人間の私にも頭を撫でさせてくれるほどに落ち着いていた。最初にここに到着したときは、誰かが触ろうとするたびに頭を低くして威嚇していたというのだから、大変な進歩だ。この犬の心を開かせるまでに、スーはどれほど努力したことだろう。次に、彼女の訓練記録を紹介しよう。

〈ブルータスとの初日。犬舎に入れると、すぐ隅っこのほうに隠れようとした。食事をあげると頭を撫でさせてくれたが、そのあいだは凍りついたように身を固くしていた。今度は食事をあげるときは必ず食べ終わるまでそばに付き添い、犬との絆をつくることが大切だ〉

〈ちょっとでも物音がすると、ブルータスは飛び上がり、唸り声をあげながら犬舎のフェンスに向かって突進する。そうなると、犬といっしょに犬舎の中にいる私も、身の安全のために飛び上がって逃げ出さなければならない〉

初めの頃、スーはブルータスの将来について悲観的だった。

〈正直言って、ブルータスがいつかペットとして普通に暮らせるようになるとは、とても思えない。せいぜいどこかの家の裏庭につながれるのがせいいっぱいだろう。ブルータスはいっしょに暮らせるほど人を信頼するようには、けっしてならない気がする〉

だが、彼女はなんとか犬の心に近づこうと試みた。

〈私はTタッチと呼ばれる方法で彼に触ることを始めた。それは、頭から始め、肩など緊張している部分の筋肉を少しずつほぐしていくマッサージで、犬を落ち着かせるのに効果がある。やがて、私はブルータスの頭だけではなく、全身を撫でさせてもらえるようになっていった〉

〈ある日、私が犬舎に近づくと、ブルータスが初めて尻尾を振って迎えてくれた！　ついに私の存在を認めてくれたのだ！〉

〈同じ頃、ブルータスは自分から私に近づいてくるようになった。ただし、前からではない。必ず後ろにまわり、私の足を嗅いでまわって、頭を撫でてほしいと催促するようになった〉

ようやくスタートラインに立ったスーは、それからも地道な努力を続ける。

〈ブルータスにリードを付けるのは大変な苦労だ。それを見ただけで後ずさりして、その場に凍りついてしまうのだから。そこで、まず見ることから慣れさせることにして、ブルータスの犬舎のドアにいつもかけておくことにした。それから、食事をあげるときには手に持って入って、何気なく足もとに置くようにした〉

〈ついにリードを付けられるようになった！　これでようやく犬舎から、他の犬たちのいる外の世界に連れ出すことができる……と思ったが、ブルータスはどうしても自分の犬舎から出てこようとしない。私は犬舎のドアの脇に座り、片手にリード、片手にドッグフードを持って、ブルータスを釣ろうとした〉

〈三日後、ようやくブルータスを犬舎から出すことに成功。最初の日はたった一五フィート（四・五メートル）出てすぐ逃げ戻ってしまったが、次の日からは徐々に距離を伸ばしていった〉

〈やっと訓練場に入れた！　ここまで来るのに約三週間かかった。ブルータスは他の犬たちと遊ぶことには全然興味を示さない。とくに雄犬が近づくと緊張する。けんかになってはいけないので、リードを外さないようにする〉

〈週末、私は初めてブルータスを生活棟に連れていき、建物の前に設置したケージの中に入れた。見知らぬ人が大勢通りかかるのにはやがて慣れたようだったが、誰かが近づこうとすると、地面に伏せてしまう〉

だが、ついに目標を達成するときがやってくる。

〈ブルータスは犬舎を出て、私の部屋でいっしょに暮らすことになった。とても気に入ったようだ。敷物の上に気持ちよさそうに寝そべり、犬用ケージの中で眠ることを覚え、私の子猫がじゃれついても気にしなくなった。ブルータスはようやく「本物の犬」になったのだ！〉

スーは訓練記録を次のような言葉で締めくくっている。

〈ブルータスは、その生涯で初めて、愛されるだけでなく、愛する対象を見つけた〉

ブルータスと強い絆で結ばれてしまったスーは、自分の兄に頼み込んで、犬を引き取ってもらうことにした。そうすれば、一九九九年の夏に仮釈放されたあと、またいっしょに暮らせるからだ。

スーは、一七歳で妊娠、結婚した。だが、夫はＤＶ男で、さんざん彼女に暴力を振るい、虐待したため、四か月で別れたという。そして、一九歳のとき、三角関係になった相手の女性を射殺して、刑務所に来ることになった。そのとき彼女の恋人だった男も、殺人罪で服役中だと聞いた。

「自分の犯した罪を人のせいにするつもりはないのよ。でも、あの男は私に彼女を殺させたかったんだと思う。いろんなことを言って私の嫉妬心をあおり、彼女を消すことをほのめかした。それなのに、私はまんまと利用されて……なんてバカだったんだろう」

私にブルータスの訓練記録をくれたあと、彼女は言った。

「ねえ、どうして私がこれほどブルータスに入れ込んだのかわかる？　ゴミのように扱われるのがどんなことか、私はよく知ってるからよ。ブルータスは、まるでこの刑務所に来た頃の私みたいだった。だから、どうしても、人を信じる心を取り戻させてやりたかったのよ」

ＰＰＰに託された三頭のマスティーフには、無事引き取ってくれる家庭が見つかった。そのうちの一頭エディは、プログラムに来る前に人を噛んだため、あやうく安楽死させられてしまうところだったが、プログラムでの訓練の結果、もう人に危害を加える心配はなくなったと判断され、安楽死を免れた。受刑者たちが注いだ愛情によって、エディはふたたび生きるチャンスを与えられたのである。

第3章

介助犬ターシャ

トレーナーのメアリー

私が一九九六年一二月に初めてPPPを訪ねたとき、メアリー(本章扉写真)はターシャという雌犬を訓練していた。ターシャはシェパードとハスキーのミックスで、プログラムの犬たちのなかでも、ずばぬけて大きな体をしていた。ギッグ・ハーバーの町を、独りでうろついていたところを保護されたそうだ。捨てられたのか、それともどこから逃げ出して迷ってしまったのか、出身については何もわかっていないが、頑丈な体と優しい性格を見込まれ、介助犬になることを期待されてプログラムに持ち込まれたのだった。

メアリーはターシャに、電気のスイッチの切り方を教えていた。壁のスイッチを模して作ったボードを胸の位置で持ち、スイッチの上には犬の大好きなクッキーを乗せる。そうしておいて、犬に後脚で立ち上がり、口でスイッチを下ろす練習を繰り返させていた。立ち上がると私の背丈を上回りそうなターシャは、やすやすとスイッチに到達し、クッキーをさらう。ターシャがうまくスイッチを切るたびに、メアリーは嬉しくてたまらないように顔中をくしゃくしゃにして笑い、歓声を上げてほめた。訓練が終わると、今度は犬といっしょに床に腰を下ろし、惜しみなく全身を撫でてやる。メアリーの指先からは、ほとばしるような愛情の帯が、ターシャに向かって延びているように見えた。この人はほんとうに、犬が好きで好きでたまらないんだろうな――その光景に吸い寄せられた私は、メアリーに近づいて声をかけた。

――遠くから見るだけでも、あなたがどんなに犬を愛しているかわかる気がするわ。

メアリーはにっこりした。

「私は動物が大好きなの。あらゆる動物が……。この刑務所は森に囲まれているでしょう？　夜、犬の用足しに外に出ると、鹿を見ることもあるのよ。それが楽しみでね」

――もうすぐ出所して更生施設に移る予定なんだってね。

「ええ、四月からね」

――刑務所には何年いたの？

「七年よ。最初の判決では刑期は六〇年だったんだけど、裁判所に申し立てをして、一二年に減刑されたの。その後、服役態度がよかったので、八年で仮釈放をもらえることになったわ」

刑期六〇年の判決を受けるとは、メアリーはいったいどんな罪を犯したのだろうか。

「私、夫の虐待から逃げたくて、睡眠薬で自殺を図ったの。そのとき四人の子どもたちにも薬を飲ませたから、第一級殺人未遂罪になったのよ」

――子どもたちはみんな無事なの？

「ええ、さいわいなんともなかったわ……」

私の頭のなかにまず浮かんだのは、「心中未遂」という言葉だった。日本なら、この種の事件に対しては、情《じょう》状《じょう》酌《しゃく》量《りょう》がおこなわれることも多いのではないだろうか。だがアメリカでは、子どもを巻き込んだ事件に対する刑罰は厳しい。六〇年というのは子ども一人の殺人未遂に対する刑を一五年とし、それに四人分をかけた数字なのだという。

「でも、申し立ての結果、私が虐待されてうつになっていたことや、睡眠薬から覚めた後、自分から助けを求めたことで、刑期の見直しがおこなわれたの。ここを出たら、二年間は更生施設で過ごし、最後の二年は保護観察を受けながら社会で暮らす予定なの。更生施設には犬がいなくて寂しいだろうけど……」

それまで淡々と語っていたメアリーは、最後の言葉にだけ、感情をにじませた。

このときの私たちの会話はそれで終わった。だが、メアリーとターシャの姿は、私に強い印象を残した。まるで一本の愛情の帯でつながっているように見えた人と犬。メアリーにはきっとまた会いに行くことになるだろうという予感があった。

足の不自由な女の子のパートナーに

翌年の夏、ふたたびPPPを訪ねた私は、あのときメアリーが訓練していた犬ターシャに再会した。ターシャはステファニーという足の不自由な一四歳の女の子の介助犬となっており、彼女の学校の夏休みを利用して訓練のおさらいをしに来ていたのだった。

ステファニーは右足に支持具を付け、足を引きずりながら歩いていたが、それでも元気いっぱいで、よく通る大きな声で、つぎつぎとターシャにコマンドを出していた。訓練場に置いてある電話の模型から受話器を持ってこさせたり、ドアに付けた紐を引っ張って開けさせたり、休みなく訓練を続けている。その様子を見ながら私は、受け取り手の人間と介助犬のエネルギーのレベルが合わないとうまくいかない、と言っていたディレクターのジーンの言葉を思い出していた。

ターシャは推定二歳ぐらいで、とても活発な犬だ。ステファニーのようなエネルギーにあふれたティーンエージャーのパートナーとして働くには、うってつけなのだろう。ステファニーよりひとまわりは体の大きいターシャが、自分よりずっと小さくてか弱い彼女のコマンドに完全に従っている様子にも感心した。一般に、子どもが介助犬を扱うのはむずかしいと言われる。介助犬ユーザーは、公共の場に出たとき、責任を持って犬を制御することが求められるが、子どもではなかなかそれができないからだ。ターシャとステファニーの組み合わせも、じつは当初は誰も考えていなかったことだった。

ジーンは、ターシャはステファニーには大きすぎて、扱うのは無理だろうと考え、最初は車椅子生活をする大人の男性を選んだ。だが、しばらくしてターシャは、「うまく扱えない」との理由で送り返されてきた。そこで次は多発性硬化症の女性のもとに行ったが、今度は「元気すぎて持て余す」ということで、また送り返されるはめになった。二度も組み合わせに失敗することは稀らしく、ジーンは考え込んでしまったという。

ところがある日、ステファニーがプログラムを訪れた際に、試しにターシャを引き合わせてみたところ、魔法のように二人の息がぴったり合ったそうだ。ターシャはステファニーのコマンドに喜んで従い、そばについて離れようとしない。その様子を見たジーンは、これはもしかしたら、と思い、その日ステファニーと家族がターシャを連れて帰ることを許可した。

「とりあえず週末を過ごしてみて、月曜日にどんな様子か電話で知らせてくださいね」

ジーンがそう言って彼らを送り出して以来、ターシャはずっとステファニーの家で暮らすことになった。それはまるで、ターシャがステファニーのパートナーになることは天によってあらかじめ決められていたかのようだった、とジーンは述懐する。

私は彼らについてもっと知りたいと思い、家を訪ねることにした。

ステファニーの一家は、女子刑務所から車で三〇分ほど東の、タコマという中規模の地方都市に住んでいる。海を見下ろす高級住宅街と、犯罪が多発するさびれたダウンタウンにくっきり色分けされたこの町の、ダウンタウンのほうに彼らの家はあった。

広い通りに面して立つ家々はどれも古びていたが、ステファニーの家の前庭は緑の芝生と色とりどりの花々に埋めつくされ、白いドアに掛けられた「ウェルカム」のボードが訪問者を温かく迎えてくれる。呼び鈴を押し、ドアの前に立って待っていると、出迎えてくれたのは、なんとターシャだった。風車のようにぐるぐる尻尾を振りまわし、全身で喜びを表現するターシャは、人間への信頼と愛情に満ちているように見えた。

ステファニーは、切れ長の大きな目をした女の子。彼女の養父母である老夫婦カールとジェニンは、生後四か月のとき事故で両親を失ったステファニーを引き取った。その事故で彼女は脊髄を損傷し、右足が不自由になったらしい。また、出血多量で一時脳に酸素が送られなかったため、脳にも影響があり、知的発達が遅れている。

「ステファニーは、体が大きくなるのに筋肉が発達しないから、成長するにつれてどんどん障害が重くなるらしいの。いまはまだ足に支持具を付けてなんとか動きまわれるけど、やがて車椅子生活になるだろうと言われてるのよ。そのときあの子のそばに、日常生活の手助けをし、心の支えになってくれる介助犬がいたらどんなにいいだろうと思って、ＰＰＰに申し込んだの」

ジェニンはそう言って、ターシャのほうを見た。

「二年半待ったかいがあったわ。ターシャのようなすてきな犬をもらえたんですもの」

それを聞いたとたん、それまで神妙にしていたステファニーが、ぱん、と両手を打ち合わせ、弾けるような笑顔を見せて、嬉しそうに叫んだ。

「そうよ、あたしのターシャ！」

介助犬ターシャの存在は、ステファニーにどのような変化をもたらしたのだろうか。自分の考えを言葉で表現することのむずかしいステファニーに代わって、母親のジェニンが語ってくれた。

「ステファニーは楽観的な性格の子だけど、自分に自信がなかったのね。それが、ターシャが来てからは、人に頼まずにいろんなことができるようになって、前よりずっと自立の範囲が広がったの。それに、これまでステファニーの障害を意識して遠巻きにしていた人たちが、ターシャのような堂々とした犬を連れているあの子を見て、『こんな犬がいるなんて、いいね』って声をかけてくれるようになった。そのおかげで人とのコミュニケーションは増えたし、ステファニーのセルフ・エスティームもずいぶん高まったんじゃないかしら」

それに、とジェニンは付け加えて言った。

「私にとっても、ターシャはほんとうにありがたい存在なのよ。ステファニーは転ぶとなかなか立ち上がれないんだけど、いまではターシャがステファニーの体の下に入って支えてくれるから、ずいぶん起き上がるのが楽になった。私がつきっきりでいなくてもよくなったわ。それにね、どんなときでもステファニーに寄り添い、守ろうとする犬がそばにいてくれるのは、親としてどんなに安心か……」

ジェニンの話してくれたエピソードはこうだった。

ターシャはステファニーのベストフレンド

「あるとき、近所の大きな犬がステファニーに飛びかかろうとしたことがあったの。するとターシャがあいだに入って、黙ってステファニーの代わりに噛まれたのよ。介助犬は他の犬とけんかしてはいけないと教えられているから、ステファニーを守るためには、そうするしかなかったのね」

このエピソードからは、ターシャがどれほどステファニーを大切に思っているかがうかがわれる。一方、ステファニーの側にも、ターシャへの愛情から、小さな奇跡が生まれているようだ。

これまで、ステファニーはどうしても横断歩道の「止まれ」の信号で止まることが覚えられなかったのだという。それが、ターシャが来てから突然できるようになったそうだ。「だってターシャが車に轢かれたら大変だもの」とステファニーは言う。彼女は、自分の愛する犬を守りたい一心で、「止まれ」を覚えたのだろう。これまで常に周囲から守られ、世話をされる存在だったステファニーにとって、ターシャは初めて自分自身が責任を持つ対象だ。それはきっと、彼女に大きな誇りを与えたにちがいない。

犬にとっての誇り

一九九七年九月、私は女子刑務所を出たあと「プリ・リリース」というプログラムに入り、タコマにある更生施設で暮らしているメアリーを訪ねた。受刑者たちは、ここで六か月～一年間生活しながら、対人技術、生活技術、ビジネスマナーなど、さまざまなコースを受講し、次の「ワーク・リリース」に備える。メアリーも、プリ・リリースを終了したあとは、ワーク・リリースの施設に入ることになっていた。社会から切り離され、刑務所の環境に順応した生活を送ってきた受刑者にとって、これらのプログラムは社会復帰のための重要なウォーミングアップである。

私は更生施設のロビーに座り、メアリーが現われるのを待った。ここでは刑務所のようなセキュリティ・チェックはない。九か月ぶりに会うメアリーは、再会を喜び、ごく自然に私を抱擁した。その感触は、ここが刑務所ではないことを実感させた。

面会室に行って腰を下ろし、私がステファニーとターシャに会いに行ったことを話すと、彼女は身を乗り出して聞く。

「どう、ターシャは元気だった？　ちゃんと仕事をしていた？」

ターシャの仕事ぶりにはステファニーも両親もとても喜んでいる、と話すと、メアリーは安心したように座り直し、感情を込めて言った。

「ターシャは、私にとって、何より特別な犬だったの。私は刑務所に入る前、二頭のジャーマン・シェパードを飼っていたから……。大好きなシェパードを任されて、とても嬉しかった。それにしても、ターシャの登場の仕方は、ほんとうに強烈だったわ！」

そう言って、メアリーはぷっと吹き出しそうになった。

「ターシャを初めて私の部屋に連れて帰ったときのことよ。ターシャったら、いきなりドアのところにかがんで、おしっこをしたの！　それで、もう一度正しく入室をやり直すことにして、一度外に連れ出してから部屋に入ったら、またターシャは同じ場所にかがもうとしたのよ。このときは、はっきりノーと言ってやめさせたけど、内心では大笑いしてたわ。ターシャは私を試していたのよ。どこまでやっていいか、ぎりぎりまでやって私の反応を見てたのね。

私は、そんなターシャにひと目惚れだったわ。活発で人なつっこくて、そしてとびきり頭のいいターシャに……。私のコマンドが理解できないとき、またはその仕事をやりたくないとき、ターシャがどうやって抵抗したと思う？　最初のうちは、ただ床に寝ころんでしまうだけだった。でも私がそれをやめさせると、次は座ったまま、顔を下に向けて、私のことが見えないふりをするの。それも直すと、今度はすべての動作をのらりくらり、スローモーションでやるようになって、その様子のおかしかったこと！

それで私は思ったの。ターシャがこんなにいろんな手を考えて反抗できるのなら、逆も可能にちがいないって。いったん自分が何を求められているのか理解すれば、すばらしい介助犬になれるはずだと思ったわ」

メアリーは犬に対する自分の考えをこう語った。

「人間である私が、彼らより優れた存在だなんて思わない。彼らが私の出すコマンドを学ばなければならないのと同じように、私のほうもどうやって彼らに教えるか学ぶ必要があるのよ。大切なのは、私たちが犬に何をやってほしいのか、そのメッセージをなんとかして伝えること。それさえできれば、犬たちにはコマンドさえ必要なくなる。

犬たちは私たちよりずっとよくボディ・ランゲージを理解するわ。だってそれが彼らの言語なんだから。車椅子の人と引き合わせると、その人の様子をじっと観察するだけで、たいていの犬はその人が何を必要としているのか理解するのよ。そして、それまで自分が受けていた訓練の意味を理解するの。その瞬間が訪れたときは、犬たちの耳も尻尾もピンと立っている。体中で、誇りを感じているのがわかるの。ねえ、動物にも誇りというものがあるのよ。私たち人間と同じようにね。

受け取り手が刑務所に来て、私の訓練した犬と合同訓練をする姿を見るときは、いつも泣いてしまう……。犬が自分の仕事に誇りを持って働く姿があまりに美しく感じられて……。自分の子どもが何かすばらしいことをしたときに感じる母親の気持ちと同じよ。

私が訓練したなかには、家庭のペットになった犬たちもいるわ。でも、私は彼らを失敗作だとは思わない。彼らはただ、介助犬として働くより、家族を喜ばすペットになるほうが好きだっただけなんだもの。それだって同じようにすばらしいことだと思うの」

――ターシャがステファニーのような子どもの介助犬となることに不安はなかった？

「ステファニーは、ターシャが心から反応した、たった一人の人間なの。それに、ターシャは、自らの本能に反する役割を引き受ける決意をしたのよ」

そこでメアリーは、感嘆するように、深いため息をついた。

「ターシャはほんとうに大きな大きな愛を持った犬。ターシャのような犬が子どもからのコマンドに従うなんて、普通ならできないことだわ。子どもがなかなか介助犬を扱えないのは、全然不思議なことじゃない。でもね、彼らのペアだけは特別だという気がするの。それはきっと、あの二人が特別な存在だからなのよ……」

自殺まで追いつめられて

メアリーは以前、夫の虐待から逃れるために子どもたちを道連れに心中を図ったのだと話していた。それはどういう状況だったのだろうか。

「夫とは七年いっしょに暮らしたの。結婚したとき、私は二一歳。彼は私より二歳年下だった。彼は自分のなかに大きな不安と自信のなさを抱えた人だった。だから、私を支配しようとしたの。……彼の話をするのは、ほんとうに久しぶりよ。正直言って、私はまだ彼をすごく恐れているの。そうだとは知られたくないけど。

いまでも忘れられない恐怖の夜がある。あれは冬のさなか、たまたま私が車のガソリンを切らせてしまったときのこと……。彼は怒り狂って、私を殺すと脅したわ。私を川の中に放り込むって……ガソリンを切らせた、たったそれだけのことで。私は逃げようとした。ところが彼が言ったの。『逃げたいなら、逃げろ。だが、もう二度と子どもたちの顔を見ることはできないぞ』って。それを聞いて私は戻ったの。

彼はそれから一六時間ものあいだ、荒れ狂った。家にあった壊れるものすべてを叩き壊した。床はガラスの破片で埋まったわ。それから彼は野球のバットで私を殴ろうとした。私は窓のところに追いつめられて、バットが私をかすめて窓ガラスを割ったわ。逃げ場を失った私は、彼の前にすっくと立って、『あんたなんかこわくない！』って叫んだの。そしたら彼は……ソファに座って縮こまっていた私の二番目の娘(父親は彼じゃない)に近づいて、こう言った。

『おまえが謝らなければ、娘の頭を叩き割ってやる！』

私は彼に聞いたわ。『何が望みなの？』。彼は、『おまえが死ぬことだ』と答えた。私は彼に銃を渡して、『じゃあ、いますぐ引き金を引きなさいよ』って言った。そしたら、その晩はそれで収まったの」

なんという恐ろしい光景だろう。話を聞きながら、私にはソファで小さくなって震えている彼女の娘(そのときは七歳だったはずだ)の心臓の鼓動が聞こえるような気がした。メアリーの声はときどき震え、声がうわずったが、それでも彼女は努めて感情を抑え、話を続けていく。

「彼は何度も他に女を作っては出ていき、そのくせ家のまわりをうろうろして、ストーカーのように私をつけまわしたわ。こんなことの繰り返しが七年も続いて、私も彼と同じぐらいおかしくなってしまった。虐待にはサイクルがあるの。私には彼がいつ爆発するか、だんだん読めるようになっていった。そしてそれに備えるようになった。人生で、自分がコントロールできるたったひとつのことがそれだったなんてね……。

結婚して五年目のこと、彼はついに私を殴って、あざができた。それでようやく警察を呼んで、彼を逮捕させることができたの。彼はそれまで直接私を殴りはしなかった。家の物を壊すだけ。子どもたちを殴ることもなかったわ。彼らの物を壊すのが彼の虐待のやり方だったの。彼は一年間、保護観察下に置かれることになり、怒りをコントロールする教室にも通わせられることになった。それからしばらくは、すべてが夢のようにうまくいったの。彼は初めて給料を家に入れるようになり、家族みんなでキャンプや釣りに行ったり……。その夏は、まるでハネムーンがもう一度来たみたいだったわ。私はすっかり錯覚してしまった。これで問題は解決したんだ、もう心配はないって……。

でも、彼の反省は長続きしなかった。半年も経たないある日、彼が言ったの。『他に好きな女ができた』って。……また同じことの繰り返しが始まったのよ。彼はそれからも六週間ほど私たちと暮らしたけど、結局出て行った。そのあいだ、彼の怒りがまた以前のように蓄積されていくのがわかって、私は絶望したわ。もうこれ以上、耐えられないと思った。一度は希望を持ったのに、もう虐待の繰り返しには耐えられない——私は絶望のあまり、うつになってしまった。

あるとき彼は、三晩続けて家に帰ってきたの。彼の顔を見るたびに、殺してやりたいと思った。そのとき気がついたの。これはもう私が彼を殺すか、彼が私を殺すしかないって。でも、私には彼は殺せなかった。でも、自分自身なら殺せる。ここから逃れるには、もうそれしか方法がない。この苦痛を止めるには、死ぬしかない——そう思ったの。

内面では、私はもう死んだも同然だった。この頃のことはよく覚えてないの。私の職業は市バスの運転手だったんだけど、仕事に行く時間さえも覚えていられなくて、子どもたちに教えられてたわ。

子どもたち……彼らを殺そうなんて考えてなかった。彼らのために生き続けるべきかとも思った。でもそれができないなら、せめて子どもたちも私といっしょに連れていかなければ、と思ったの。

それでも、助けを求めようとは考えて、自殺防止ホットラインに電話したのよ。でも二〇分も待たされたの。私はシステムの隙間をすり抜けてしまったみたいだった。最後の頼みの綱として、私にとっては父のような存在だった友人にも話を聞いてもらおうとした。でも、その日ちょうど彼はつらいことがあったみたいで、私の話を聞くより自分のことを聞いてほしかったのね。結局彼の家で三時間、愚痴を聞くはめになった。

友人の家からの帰り道、私はありったけのお金で睡眠薬を買った。そして、子どもたちに、これはビタミン剤だと説明したの。夜八時頃、みんなで薬を飲んだ。子どもたちはたぶん一〇〜一五錠ぐらい飲んだと思う。私はもっと飲んだわ。

それからあとは、すっかり時間の感覚を失くしてしまって、よく覚えてないの。でも、ほんの二〜三秒のあいだ、一筋の光が私の頭に流れ込んできて、ハッと我に返った時間があった。ああ、自分はなんてことをしたんだろう！　でも、どうやって元に戻したらいいのかわからない、どうしよう……と怖くなって……その後はまた記憶がないの。

結局、その晩、子どもたちはみんな無事だった。そして、私は逮捕されて……第一級殺人未遂罪で六〇年の判決。……私は誰も殺そうなんて思ってなかった。ただ、子どもたちを置いていくわけにはいかないと思っただけ……。

でもね、私のしたことは、殺人未遂より、もっとひどいことだったのかもしれない。だって、私は子どもたちの母親への信頼を裏切ったんだもの。この世で子どもの母親に対する信頼ほど強いものはないわ。それなのに、私はそれを、自分自身の苦痛のために、打ち砕いてしまったのよ……。

子どもたちは児童保護局の手で、上の三人は私の父に、末の男の子は夫に預けられた。こうなるもとを作ったあの男に……！」

それまで冷静だったメアリーの声が、ここで一瞬乱れた。

「末っ子は七歳だった。あの子は自分の父親がどんなに家族を虐待したか、児童保護局に話したのよ。それなのに、彼らはあの子をその父親のもとに置き去りにした。とても正気の沙汰とは思えないわ。この事件への代償を払うことになったのは私一人じゃない。子どもたちまで大きな代償を払わされることになったわ……」

——いまのあなたと子どもたちの関係は？

「良好よ、とても……。彼らは私のしたことを責めてもいないし、私のことを恥じてもいない。……嬉しいことだわ。いま、二人は私の母のところ、あとの二人は私の妹たちの家で面倒をみてもらってるの。別れた夫はつい最近末っ子を、ゴミでも放り投げるみたいに母のところに捨てていったらしいわ。

一番上の娘は一八歳。二番目と三番目は男女の双子で、一六歳。末っ子は一四歳になった。私が刑務所に来る前は、まだみんな小さくて、どこに行くにもいっしょだったわ。子どもたちが面会に来ると、私たちはまわりの雑音を完全に締め出して、自分たちだけの世界に入るの。学校の話を聞いたり、悩みごとにはアドバイスをあげたり……。でも、彼らに毎日母親として接しているのは私じゃない。私の母や妹たちよ。子どもたちの母親としてそばにいられないのは、ほんとうにつらい……あの子たちが、私以外の誰も『お母さん』と呼ばないでいてくれることに、救われるわ。

子どもたちはね、あの夜何があったのか、その前の家の状況がどんなだったか、よく覚えているわ。私があの頃心を病んでいたことを、ちゃんと理解している。あの事件のあと、私が心配したのは、子どもたちはまだ小さかったから、事件の記憶を心の奥底に封印して、私を憎み始めるんじゃないか……ということだった。たしかに最初の三年ぐらい、あの子たちは私のことを怒っていたわ。でもそれは、あの事件のことよりも、私が彼らを置いて刑務所に行ってしまったからだったの。

あれから七年……。みんなもうティーンエージャーよ！

――仮釈放されたら、子どもたちとはいっしょに暮らせるの？

「いいえ、それはすぐにはないわ。上の三人は、高校卒業まではいま住んでいる町にいたいと言ってるの。下の子は私といっしょに住みたがってるけど、私はしばらく時間がほしいの。足を地につけて歩き出すまでの時間が……。七年間もほったらかしにしておいて、それはないって、あの子は言うだろうけど……。

でも、私はこの七年間に大きく変わったの。子どもたちだってそうよ。私たちはみんな、まずお互いを知ることから始める必要があるのよ」

そう、私はまるで別の人間になったような気がする――とメアリーは言った。いまの自分になるまで、長い苦痛に満ちた旅を続けてきたのだ、と。

その旅の始まり、子ども時代のことについて話を進めてもらう前に、私はメアリーにひとつ質問を投げかけた。相手を殺すか、自分が死ぬか、というところまで追いつめられる前に、なぜ、夫から逃げなかったのか――。これはＤＶになじみのない人の多くが素朴に抱く疑問だろう。そんな大変な目にあっていたのなら、さっさと離婚すればよかったじゃないか、と。

じつはDVの被害者が加害者から逃げることがどれほど困難であるかは、多くの研究によって明らかにされている(巻末の参考文献)。平穏な時期と暴力が爆発する時期が交互にやってくる虐待のサイクルに囚われているうちに、逃げる意欲を失ってしまったり、長期間にわたって人格を否定されるような暴言にさらされたり、周囲の人びととの結びつきを断たれたりした結果、彼なしでは生きていけないと思い込まされ、加害者に依存するようになったりするのだ。そもそもDV加害者の意識の根底にあるのは相手を所有し、支配下に置くことなのだから、そこから抜け出すのが容易ではないのは当然とも言える。また、子どもがいる場合は、相手に子どもを取られたり、子どもに危害を加えられたりする恐れがある。さらに、被害を受けた女性が加害者に殺されるケースは、ほとんどが別れた後に起こっていることなども、逃げることをためらわせる要因だろう。

メアリーの場合はどうだったのだろうか。

「逃げなかった理由は、二つあるわ。両方とも、私の過去の不安から出たものよ。一つは、子どもの頃、両親の離婚でひどく傷ついたこと。離婚に先立つ五年間、両親はけんかのしどおしで、私も妹たちも心を引き裂かれていたわ。父と母が別れたとき、私は一一歳だった。母は何も話してくれなくて、私たち子どもはお互い以外に、誰も話せる人がいなかった。そのとき私は誓ったの。結婚したら、私は絶対に離婚はしないと。二つ目の理由は……私は夫に初めて会ったとき、体をこわしていたの。彼は優しく私の世話を焼いてくれて、三人の子どもたちの面倒もみてくれた。それに感激して、出会ってからたった三か月で結婚してしまったの。それから一週間も経たないうちに、彼は豹変したんだけど、私は彼を失うのがこわかった。

彼の前に出会った男たちは、みんな私を殴ったりして、身体的に暴力を振るったわ。でも夫は違った。彼のは心理的な暴力だったの。私はそれが虐待だとは気づかなかった。殴られるよりはずっとましだ、これからなんとか対処できる、と思ったのよ」

でも、刑務所でセラピーを受けて、それが虐待だったことに気づいた、とメアリーは言った。少なくともこれは、刑務所で得た収穫だわ、と彼女は笑った。

人間を理解するのはむずかしすぎる

「子どもの頃からつい最近まで、私は痛々しいほど内気な人間だった。セルフ・エスティームはほとんどなかったわ。人と接するのが苦痛で、いつも隠れてしまいたいと思ってた。犬たちと自然の中で過ごすのが一番好きだった。人間たちがどんな風にお互いに反応し合うものなのか、私には理解できなかったし、いまもできてないと思う」

そう言ってメアリーは、困ったものだ、と笑った。

「物事には、白と黒と、あいだに灰色の部分があるでしょう。その灰色の部分が私にはどうしてもつかめないの。だから私には人間が理解できないんでしょうね……。とくに、自分と同じ年頃の子どもたちとつき合うのは、ほんとうにむずかしかった。どうしても溶け込めなくて、おしまいには、彼らすべてを憎むようになったわ。

両親が言うには、私は飛び抜けてIQが高かったらしいの。小学校の三年生のときには、すでに自分のクラスの生徒たちを教える役を与えられていた。でも、それが私を他の子たちから引き離すことになったのよ。私は父の百科事典を読むのが大好きだったんだけど、そういうことは、よけい私をみんなから遠ざけただけだった。まわりは私に対して垣根を作ってしまって……。他の子どもたちを見下しているつもりなんて、なかった。でも、彼らのほうではそう思っていたんでしょう。私はどうやったら受け入れられるのか、わからなかった。それで、自分の殻に引きこもったの。ひとりぼっちで、寂しくてたまらなかったけど、どうやってみんなに近づいていいのかわからなかったの」

――他の子たちは、あなたをどんな風に扱ったの？

「あるとき、同級生たちが、『あんたはいつもいい子だから、悪いことなんて何一つできないんでしょ？』って声をかけてきたの。『一つか二つぐらいなら、できるわ』って答えたら、彼らは『学校から逃げ出したら、五〇セントあげる』と言うの。それで、私はそのとおりにした。でも、小さな町の学校だったから、大騒ぎになってしまったの。

学校は授業を休みにして、先生たちを総動員して私を捜しまわった。もちろん五〇セントはもらえなかった。私はからかいの種にされただけだったのよ。私はあまりにもナイーブだった、冗談も通じないほどに……。でも、私はただ、みんなに受け入れてもらいたかっただけなのよ！」

メアリーは、最後はほとんど叫ぶように言った。当時のつらい記憶とともに、忘れていた心の痛みも呼び起こされてしまったかのようだ。

「高学年になるにしたがって、私の理解できないことは、ますます増えていった。だから心に決めたの。私には彼らは理解できないし、彼らも私のことは理解できない。ならば、本と自然と動物たちだけを相手に生きようって。

それからは、人とは目を合わせないようにした。私は深く傷ついていたの……受け入れられなかったことに。私を拒んだのは彼らのほうよ。私じゃない。私はどんなにみんなと親しくなりたかったか……」

虐待されつづけて

「ある日、ついに私に近づいてきた男がいたの。私は一六歳だった。自分の家で洗濯物を干していたら、その男がいきなり背後から近寄ってきて、言うとおりにしろ、と言って私の喉元にナイフを突きつけたの。私はその男の言いなりになったわ。なぜって、相手の行動が異常かどうかさえ、私にはわからなかったから……。それに、彼はこの私に関心を示してくれたから……。

その後私は妊娠して、最初の女の子を産んだ。学校は子どものいる生徒を受け入れてくれたので、無事高校を卒業することができたの。私の卒業写真には小さな娘がいっしょに写ってるわ。

でも、それからが大変だった。子どもを抱え、どうやって職を見つけて、生きていくか……。そこでまた悪い男に引っかかってしまったの。長距離トラックの運転手をしている男のトラックに同乗して、二年半のあいだ、アメリカ中を旅して歩いた。カナダではオーロラも見たわ。それはなかなかエクサイティングな生活だった。でも、彼は私を殴る男だったの。それでも私は、それが異常なことだとは思ってなかったのよ」

まったく、なんてナイーブだったのかしら――メアリーは自嘲気味につぶやいた。

「男というものは、女を殴るものなんだと思っていたの。私の父親もそうだったから。父はいまバンクーバーに住んでいるけど、もう二年半も連絡が途絶えているの。それはなぜかというと、彼は私を自分の思うように支配することができなかったからよ。父は前の夫と同じ種類の人間なの。刑務所では、面会の曜日や時間は決められていて、彼の都合に合わせて変えることはできない。ところが父はそれに耐えられなかったの。自分のやり方を押しつけることができないので、ぷっつりと会いに来なくなった。

自分の父がそういう人間なんだと認めるまでには、ずいぶん時間がかかったわ。子どもの頃は、私は父のお気に入りだったの。それが、成長したとたん、すっかり変わってしまった……。彼は女性を見下しているの。だから、私が大人の女性になったら、もう何の価値もないものに成り下がってしまったんでしょう。私にはそんな父を変えることはできない……そのことを受け入れられるようになるまで、七年かかったわ」

やはりそうだったのか――。彼女の父親の話を聞いて、私は思った。メアリーは、離婚に至る前、両親はけんかが絶えなかったと話していたが、おそらくそれは父親の母親に対する暴力だったのではないか。もしそれが虐待であり、DVだということがわかっていたら、彼女のその後の男たちとの関係性は違ったものになっていたかもしれない。

メアリーは話を続けた。

「長距離トラックの運転手だった彼が、私だけを殴っているぶんにはがまんできたの。でも、娘まで殴ろうとしたので、ついに逃げ出して、母親の家に戻ったの。そこで次の男が現われたのよ……。母の住んでいたアパートのマネージャーは、とてもハンサムな男性だった。彼からディナーに招かれ、そして、その後いっしょにベッドに入って……双子を妊娠したの！」

メアリーはハハッと笑い、それから長いため息をついた。

「いまから振り返ってみるとね……私はなんとかして自分のセルフ・エスティームを

築きたいと必死だったのね……それも、どうしようもなく間違ったやり方で。でも、起こってしまったことを否定するつもりはないし、子どもたちを授かったことに何の後悔もないわ。中絶しようと思えばできたのに、それをしなかったのは、私が子どもをほしかったから。自分の意思で、産むことを決めたんだもの。私は子どもたちを心から愛しているし、これからもずっと愛し続けるわ。

……でも、どういういきさつで一番上の娘ができたか、当時は誰にも言えなかった。家族は私のことを早熟なティーンエージャーだとしか思ってなかったでしょうね。初めてほんとうのことを話せたのは、刑務所でセラピーを受け始めてからだった。そこですべてを話して、ようやく少し楽になったの……」

――一番上の娘には、ほんとうのことを話しているの？　そのことを本に書いても大丈夫なの？

「ええ、いいの。あの子には八歳のときすべてを話したの。彼女は、父親に会いたい、捜してくれって、泣いて頼んだわ。私は『あなたが一八歳になったら捜すから』と約束した。あの子の気持ちはわかるの。彼女の心の中には、いったい自分は誰なのかという疑問がずっとあるんだと思うわ。自分の半身を知らないようなものだものね。

双子のほうも、実の父親の顔は見たことがないの。でも、彼らの受け止め方はまったく違うわ。私があの夫と結婚したとき、双子たちはまだ赤ん坊だったから、彼が自分たちの父親みたいなものなのね。もちろん、彼らが望めば、父親を捜し出す手伝いをするつもりだけど……」

メアリーの長い心の旅について、聞きたいことはまだたくさんあったが、インタビューは長時間にわたった。私は彼女がワーク・リリースに移ったらまた訪問することを約束し、このときのインタビューを終えた。

犬とともに生きていきたい

五か月後、ワーク・リリースに入り、タコマの動物病院付属のグルーミングサロンで働き始めていたメアリーを訪ねた。彼女は元気そうで、自分の仕事を心から気に入っているようだった。

「週に五日、一日一〇時間働くんだけど、動物たちが相手の仕事で幸せ。猫のグルーミングもするの。より多くの動物に触れられて、経験も積んで、自分の仕事に自信がついてきたわ。なんといっても最高なのは、動物たちといっしょにいられることよ！」

メアリーはそう言って、顔をほころばせた。ワーク・リリースを終えるまであと三か月。その後の生活について、彼女はどんな計画を立てているのだろうか。

「やっぱり犬にかかわる仕事を続けていくつもりよ。私のこれまでの人生には、いつも犬がいたもの。犬の訓練は、私に喜びと興奮をもたらしてくれるの。それで収入を得

メアリーは動物病院でグルーマーの職を得た

ることもできるしね。ＰＰＰのボランティアもやりたい。刑務所の中ではできなかったこと――エレベーターやショッピングモールに犬を連れていって、プログラムを助けたい。何か、お返しがしたいのよ。私にあまりにも多くを与えてくれたんだもの。プログラムを通じて、私は初めてセルフ・エスティームを得た。動物たちだけでなく、人と接することも学んで、私はもうひとりぼっちではなくなった。

自分の訓練した犬が誰かの人生を変える……その様子を見る喜びを、なんて表現すればいいのかしら。犬もその人も、そしてこの私も、みんなが誇りに満たされることを……。一頭の犬を訓練するたびに、私はよりよい人間になっていったと思う。犬たちはみんな違うし、犬を訓練する過程で、私も多くを学び、成長していったから……。

これはほんとうにすばらしいプログラムよ。ずっとずっと続いていってほしいわ」

メアリーは、ＰＰＰへの熱い思いを一気に語った。そして、事件の後、刑務所で打ちのめされていた日々から立ち直ったきっかけについて、話してくれた。

「あれは刑務所に来て五〜六か月経った頃だった。当時私は最重警備ユニットに収監されていて、外に出られるのはジムでエクササイズする時間だけだった。ユニットからジムへの道のりだけが、外の世界に触れられる唯一のチャンスだったの。その頃の私の刑期は六〇年。最重警備ユニットに、最低五年はいなければならないと言われていたわ。私はまだ心を病んだまま、自分の殻に閉じこもって、死んだも同然だった。あの刑務所は森に囲まれているのに、そこには手が届かない。有刺鉄線が木々と私を隔てて、私は完全に孤独だった。

ある日、いつものようにジムに向かう途中、建物のコンクリートの隙間から、一本の草が生えているのが目に入った。そのとき、何とも言えない感動に包まれたの。人間が建てたコンクリートの壁を突き抜けて、自然は道を見つけた。人間は建設につぐ建設で自然を追い払おうとしているけど、自然は必ず戻ってくる。私は世界を再発見したような気がしたわ。私の人生はまだ終わっていない。母なる自然と私の結びつきは断たれていない……何者も断つことはできないんだと……。

癒しが始まったのは、その瞬間だと思う。私は闘うことにしたわ。そして、裁判所に申し立てをして、新しい刑期を勝ち取った。五年の代わりに一年で、最重警備ユニットを出ることができた」

気がつくと、私はすっかりメアリーの語りに引き込まれていた。彼女は詩のように美しい言葉で、自然との結びつき、癒しの始まりを表現したからだ。そのことを告げると、メアリーは微笑して、ささやくように言った。

「アメンボのように、水の表面をなぞるだけの生き方はしたくないの。私は水の深さが知りたい。すべての瞬間を、味わいながら生きたいの。刑務所での生活は、ふだんなら見落としてしまうような小さな美しさを発見することを教えてくれたわ……」

六〇年という終身刑にも近い刑罰を与えられ、有刺鉄線の中に閉じ込められたとき、メアリーはこのような研ぎ澄まされた感性を獲得したのだろう。

ヴィクトール・フランクルが『夜と霧』で書いていたあるエピソードを思い出す。ナチスの強制収容所で、過酷な労働の後、極度の疲労と寒さで死んだように横たわっていた囚人たちが、燃えるような美しい日没の光景を見るために外に出ていく。そして、感動の沈黙が数分続いたあとに、誰かが「世界ってどうしてこんなにきれいなんだろう」とつぶやく(ヴィクトール・フランクル『夜と霧――ドイツ強制収容所の体験記録』)。極限状態に置かれたとき、人間の精神がこのような強さを発揮することに、私は勇気を与えられる。

大幅な減刑を勝ち取った後、メアリーはPPPに参加している受刑者と同室になり、その人の犬の訓練を手伝うことになったのがきっかけで、プログラムと出会った。それ以来、刑務所を出るまでの三年半に、彼女は八頭の犬を受け持ち、そのうち六頭を介助犬に育て上げたのだった。

成長したターシャ

ワーク・リリースに入ると、許可されれば一定の場所には外出することを許される。(このルールは一九九八年当時のもので、いまはもっと厳しい)。メアリーは、更生施設からほんの数キロしか離れていない場所に住むステファニーとターシャを訪ねることにした。

門扉から前庭に入ってきたメアリーを、ターシャは体が宙に浮きそうになるほど激しく尻尾を振り、熱烈に出迎えた。元のトレーナーが穏やかな声で「シット(お座り)」と言うと、ターシャはすぐそのコマンドに従う。そのあいだも待ち切れないように尻尾を振り続ける姿に、メアリーは思わず喜びを爆発させ、ターシャを固く抱きしめた。

ステファニーと家族も、メアリーを温かく迎えた。

「タコマには他に知り合いがいないんでしょう? 何か助けが必要だったら、私たちがここにいることを思い出してね」

ジェニンの優しい言葉に、メアリーはこっくりとうなずいた。

その後、ステファニーがターシャを扱う様子を、メアリーは少し離れたところから見守る。ターシャがいまはステファニーの介助犬であることを、彼女は強く意識していた。

「私は結婚した子どもに会いに来た母親のようなもの。二人が私の助けを必要とするときにはいつでも力になるけど、干渉はしたくないの」

その言葉どおりメアリーは、ステファニーがうまくターシャを動かせないときには助け舟を出すものの、それ以外は黙って微笑を浮かべ、満足そうに二人を見守った。

ステファニーの家をあとにしながら、メアリーは感慨深げに言った。

「ターシャが私の教えたことを覚えているのを確認できて、ほっとしたわ。こうして自分の育てた犬が働いている姿を見るのは、私にとっては大切な幕引きなのよ……」

第二の人生へ

一九九八年五月七日、メアリーは無事ワーク・リリースを終え、更生施設の門を出た。今後二年間は保護観察下に置かれるが、もう自由まであと一歩だ。この日のために駆けつけた母親と子どもたちに囲まれ、はちきれそうな笑顔で歩き出す彼女のまわりには、明るい光が射しているように見える。

メアリーは高らかに宣言した。

「このあと朝食を食べたら、ショッピングモールに行って、すてきな服を買うわ！それから、みんなで公園に行こう！」

その言葉どおり、彼女はデパートでフェミニンなランジェリーやスカートを買い込んだ。買い物をしているあいだも、子どもたちは彼女の手を握り、腰に腕をまわしてそばに寄り添っている。まるで手を放すと母親が消えてしまうと心配しているかのようだ。

だがそんな不安も、地図を見て適当に探し出した公園に到着した頃には、すっかり和らいでいた。アヒルが泳ぐ池の前のベンチに陣取り、ハンバーガーを平らげたあと、子どもたちは芝生のあるプレイグラウンドのほうに駆け出していった。

メアリーは、そっと一枚のカードを自分の母親に差し出した。「母の日」のカードだ。

ステファニーとターシャを訪ねたメアリー

それを見た母親の目に、みるみる涙が浮かんだ。

「いままでありがとう、ママ」

メアリーはそうささやいて、母親を抱きしめた。


その一週間後、メアリーと私は、タコマの北西にある州立公園に出かけた。このあたりには、世界でも珍しい針葉樹のレイン・フォレストが広がっている。メアリーがワーク・リリースを終えたら、ここに来ることは前からの約束だったのだ。

前日まで降り続いていた雨が上がり、森はむせるような木々の香りに満たされていた。午後の柔らかい光が森に射し込み、苔むした古い大木の輪郭を映し出す。メアリーは一本の大木の幹に両手を回してしがみつき、つぶやいた。

「私が必要としていたのは、これよ……」

私たちは深いレイン・フォレストの中を、ゆっくりと歩いていった。メアリーは、けもの道や、草に産み付けられた昆虫の卵を見つけ、フクロウの声に耳を澄ませては嬉しそうに微笑む。倒れた大木の幹から、小さな新しい木が生えているのを見つけたときは、立ち止まって感嘆の声を上げた。

「見て！　この年取った木は、倒れてからも別の生命を生かし続けているのよ……」

歩きながら、私はメアリーに新しい生活はどうか、と尋ねた。彼女は、答の代わりに、フーッとため息をついた。

「人を信頼するのは、ほんとうにむずかしいわ……。誰かが先週約束したことを変えて、『気が変わったの』なんて言ったら、それだけでもうどうしていいか、わからなくなってしまうの……。犬たちの言葉はボディ・ランゲージだから、私は読める。でも、人間は、ボディ・ランゲージではこう、と言っていても、口では違うことを言うでしょう。たとえば、『ごめんね』と言葉で謝っても、体は全然別のことを言っている……」

私は何と返事をしていいかわからず、空を仰いだ。人間の社会とはそういうものだから――そんな言葉が思わず口をついて出そうになり、ハッとした。たしかにメアリーの言うとおりなのかもしれない。私たち人間は、言葉に頼るあまり、ほんとうのコミュニケーションを忘れてしまったのではないか……。

森の中に両手を広げてじっと立ち、樹木の匂いを胸いっぱいに吸い込んでいるメアリーの姿は、樹木から生まれたエルフ(妖精)を思わせた。ほんとうの居場所はここなのに、間違って人間界に生まれてしまったかのようだ。メアリーにとって、人間社会はいまも不可解で、不安だらけであることに変わりない。そんな彼女が生きていくには、犬たちの支えがどうしても必要なのだろう。

無条件の愛と完全な信頼――この世で彼女が何より必要とするものを与えることができるのは、犬たちだけなのかもしれない。

コラム② 見捨てられた猫をケアする

ＰＰＰといえば「犬」のイメージが強いが、ここ数年は保護猫も積極的に受け入れている。その多くは連携している猫の保護団体「ハーバー・ホープ・キャット・レスキュー」から託されるが、なかには第４章に登場するカミールの猫ルナのように、個人から依頼されて預かることもある。

シュミリアは、ＰＰＰの元スタッフが保護した猫だ。六歳のときある家に引き取られたが、先住の犬たちに襲われそうになったため、二年ものあいだ地下室に隔離されて飼われていたという。黒と茶の混じったふかふかの長毛で、堂々たる体格をしたシュミリアは、後ろから見ると猫というよりアライグマのように見える。いまの立派な姿からはとても想像できないが、刑務所に来たときは、毛は薄汚れて色もよくわからないうえに、ところどころ抜け落ちていたそうだ。食事は与えられていたが、体質に合っていなかったために、ひどい便秘でお腹が固くなっていた。

二年間ほとんど人とふれあうことなく隔離されていたシュミリアは、当然のことながら人間不信が強く、人が近づくと唸って威嚇した。そんな猫の世話係として、白羽の矢を立てられたのがアリサだ。彼女はシュミリアが刑務所に来た二〇一二年にPPPに雇用され、トレーナーになる前のステップとして犬舎で働いていた。シュミリアの世話を引き受ける意志があるかどうか聞かれたとき、アリサは一瞬迷った。これからトレーナーをめざそうというときに、犬といっしょに暮らせなかった猫を引き受けたら、どうなるのだろう。自分の目標の妨げになってしまうかもしれない——。

だが、地下室に閉じ込められていたシュミリアの境遇を思うと、ケアしてやりたい気持ちのほうが勝り、アリサは引き受けることにした。さいわい彼女のルームメイトも大の猫好きで、喜んでシュミリアを迎えてくれた。

「最初の頃、シュミリアは撫でることもできなかったわ。触ろうとすると、フーッと毛を逆立てて、爪を出して引っ掻こうとするんだもの。でも、それは怒っているからじゃなくて、怖かったから。ここにいる女性たちもそうよ。タフにふるまって、私は人とのつながりなんていらない、一人のほうがよっぽどいいっていう態度を取る人がたくさんいる。

でも、なぜそういう態度を取るのか、よくわかるの……。拒絶されるのが怖いから。傷つきたくないからよ。私はタフにふるまうタイプじゃないけど、傷つくのが怖いから、人とのかかわりはとことん避けてたわ。だからシュミリアには、とても共感できた」

シュミリアが触れられると毛を逆立てて唸ったのは、ネグレクトによる体調不良で、肉体的に痛みを感じていたことも一因だったようだ。体調が回復し、気分がよくなってくると、やがてブラッシングをさせてくれるようになった。そのうちブラッシングをすると、普通の猫のように気持ちよさそうに背中をそらすようになり、少しずつアリサとの絆ができてきた。

そんなある日、アリサは初めて自分の居室で犬を預かることになる。ウサギを追いかけて殺したことのある犬だというので、たった一週間ではあったが、アリサは緊張した。もしシュミリアを獲物と勘違いして襲ったらどうしよう。アリサはシュミリアの安全確保のため、二匹が同時にケージの外に出ることがないよう気を配り、なんとか一週間を乗り切った。

その後も短期間、犬を預かることが続くうちに、アリサはシュミリアが自分を信頼し始めていることに気づく。撫でても嫌がらなくなり、自分から膝《ひざ》に乗ったりはしないまでも、抱き上げることができるようになったのだ。

「この人間は必ず自分を守ってくれる。それがわかったからじゃないかしら」と、アリサは言う。

その後いよいよ彼女が訓練を担当する犬を任されたとき、シュミリアはもう犬を

アリサとシュミリア，中警備ユニットで

怖がらなかった。シュミリアをおもちゃのように扱い、じゃれつこうとする犬をうまくあしらい、ときにはいっしょに遊ぶこともあったという。

「シュミリアのおかげで、介助犬候補の犬を猫に慣らす訓練ができたわ。家庭のペットになる場合でも、すでに先住猫のいる家にも行けるから、選択肢が広がるしね」

アリサは満足そうに言った。シュミリアはちゃんと犬の訓練にも一役買っているのだ。

シュミリアはいま一一歳。今後も健康を維持できたなら、あと五年から一〇年ほどは生きられるだろう。

「この子はたぶん最後まで、私とここで暮らすことになると思う。先に出所するルームメイトがいっしょに連れていくと言わないかぎりね」

第二級殺人罪で二二年と半年の刑を言い渡されたアリサには、まだあと一〇年の刑期が残っているのだという。実際に銃の引き金を引いたのは彼女のボーイフレンドだったが、彼と共謀し、被害者を現場に連れてきたことで、彼女の刑は重くなった。二〇〇四年にこの刑務所に来たとき、アリサは二二歳。出所するときは四二歳になっているはずだ。

「どうしてこんなことになってしまったのか、ずっと考え続けているけど、わからないの。私は他の女性たちのような悲惨な育ち方をしたわけじゃない。だけど、自分に自信がなくて、常にまわりの人にどう思われるか気になってしかたがなかった。まわりから浮いてしまうのが怖くて、受け入れてもらうためには何だってしたわ。それがこの犯罪につながったんだけどね……」

二〇年もの長い時間を塀の中で過ごさなければならない――その現実を受け入れたときから、アリサはこの時間を自分を変えるために使おうと決心。セラピーを受け、自助グループにも参加した。彼女が刑務所に送られたときはまだ四歳だった娘のよりよい母親になるために、ペアレンティング・クラスにも参加。いまでは新しい参加者にアドバイスする役割を担っている。

五年前に立ち上がった「ウイメンズ・ヴィレッジ」という女子刑務所内のコミュニティにも加わった。「ヴィレッジ」というのは、受刑者有志が自らの手で刑務所内の環境をよくし、お互いを尊重し、高め合うという共通の目標のもとにさまざまな活動をおこなう共同体。「教育」「ピア・サポート」「健康」「刑務所内暴力を減らす」「社会復帰」など、活動内容ごとに七つの小委員会にわかれている。職員やボランティアの支援を受けつつも、受刑者たち自身によって運営されているところが非常に興味深い。刑務所の広報担当者によると、全体の約半数の受刑者がヴィレッジのメンバーになっており、とても活発に活動しているという。

「ヴィレッジ」の活動に参加するうちに、初めて夢中になれるものを見つけた、とアリサは話す。それは「教育」である。刑務所の中でも大学教育を受けたい――アリサを含む数人の受刑者たちが声を上げ、FEPPS(Freedom Education Project of Puget Sound)という教育プログラムの実現にこぎ着けたのだ。彼女たちの声に応え、シアトル周辺の五つの大学の教員たちが刑務所まで来てボランティアの出前授業をおこない、準学士号(短大を卒業して取れる学位)を取れるようになったという。現在約九〇人の受刑者が、このプログラムで学んでいるそうだ。

目立たないように、いつも人の後ろに隠れ、人と目を合わせないようにしていたというアリサ。インタビューしていても、彼女がじつはとても内気な性格であることは端々に感じられる。そんな彼女が自分から声を上げ、新たなプログラムの立ち上げにかかわったというのは大きな一歩だ。

グループなら何とかなるが、一対一のコミュニケーションは緊張してむずかしかった、と語るアリサにとって、緊張を解く役割を果たしてくれたのは動物たちの存在だったという。犬や猫を連れていれば、彼らを介して話ができる。アリサがシュミリアにリードを付けて散歩させているときも、猫好きの刑務官が近づいてきて、シュミリアを撫でながらアリサに話しかける場面に出くわした。シュミリアの毛がよく手入れされていることをほめられ、嬉しそうに微笑むアリサ。こんな小さな会

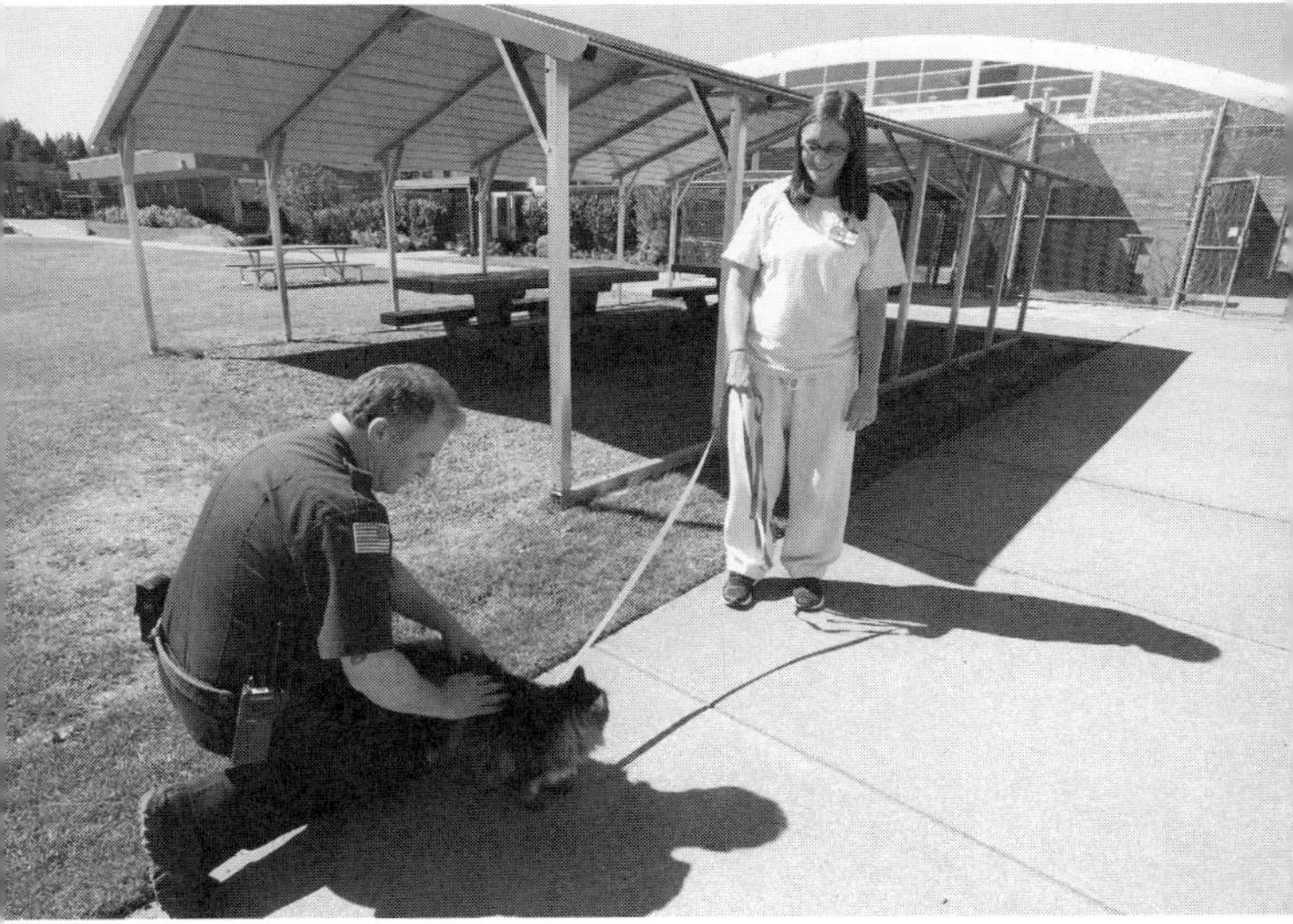

シュミリアの散歩中，猫好きの刑務官が撫でに来た

話の積み重ねが、コミュニケーションのレッスンになると同時に、少しずつ彼女のセルフ・エスティームを育てていくのだろうという気がした。

シュミリアはいまではすっかりアリサを信頼し、気が向くと自分から甘えるようになったそうだ。撫でてほしいときは、ベッドの上に乗り、子猫がするように両前脚で「ふみふみ」をする。そんなときのシュミリアの目は映画『シュレック』の人気キャラクター「長靴をはいた猫プス」のようにまん丸になるそうで、思わず笑い出さずにはいられないという。

「刑務所の中に自分の動物がいるのって……何とも言えずいいものよ」

アリサはしみじみと言った。

「犬は他の人のために訓練するもので、やがては手放さなくちゃならない。別れが来るのがわかっているから、愛着を持ちすぎないように気をつけないといけない。でも、猫は違うわ。最後まで自分が面倒をみる相手だから、思いきり愛情を注ぐことができる。人も犬もたえず入れ替わり、去っていく刑務所のような場所で、これからもずっといっしょにいられる相手がいるのは、ほんとうにありがたいわ……」

仮釈放まであと一〇年。できることなら、シュミリアが長生きし、アリサとともに出所できるといいのだが。

第4章
老猫ルナ

もらい手のいない猫との絆

コラム②でも書いたように、現在のPPPでは保護猫も積極的に受け入れている。そこで、猫と特別な絆を結んでいる人の話を聞きたいとディレクターのベスに相談したところ、真っ先に名前が挙がったのがカミール(本章扉写真)だった。彼女はここでずっと世話してきた猫を、仮釈放で出所するとき、いっしょに連れて帰ることにしているのだという。

カミールのPPPでの職種はグルーマー(ペットの美容師。トリマーともいう)だ。二〇一五年の五月に初めて会ったとき、カミールはポメラニアンのヘアカットに格闘していた。人びとが冬のコートを片づけるように、ポメラニアンもふかふかの冬毛を短くカットして夏に備える。三三歳だというカミールは、仕事の邪魔にならないよう長い金髪をアップにして一つにまとめ、黒いメガネをかけていた。犬の顔の毛を左右のバランスよくカットするため、ちょっとハサミを入れては一歩下がり、じっと目を凝らすカミールの表情は真剣そのものだった。

このプログラムで職業訓練を受けた受刑者たちのいちばんの就職先はグルーミングサロン(ペットの美容室)である。その次がペットホテルなどの犬舎、そして動物病院だ。

犬のトレーナーとしてやっていくのは、かなりむずかしいと聞いた。というのは、トレーナーの多くは自営業で、口コミで顧客を得ているが、何年も刑務所にいた彼女たちは外の世界にネットワークを持っていない。犬の訓練技術だけでなく、クライアントとのコミュニケーション能力も要求されるが、対人関係が苦手な人も多い。

その点、グルーマーはトレーナーよりはるかに就労しやすく、需要も大きいため、プログラムでは出所までの時間が残り二年になったら、全員がグルーミングの技術を学べるようにしている。

刑務所のグルーミングルームは、いっさい宣伝していないにもかかわらず、いつも予約でいっぱいだ。外のサロンより低料金であること、出所者の就労に役立っていることなどがその理由と考えられる。シアトルに住む私の友人のなかにも、プログラムをサポートするために、わざわざ一時間もかけてここに犬を連れてきていた人がいた。

三時半過ぎ、カミールの今日の作業が一段落した。プログラムを出て帰宅する彼女について、部屋で留守番をしている猫のルナに会いに行く。出所を間近に控えたカミールが暮らしているのは軽警備ユニット(もっともセキュリティ・レベルの低いユニット)だ。このユニットの窓には鉄格子はなく、まるで大学の寮か研修施設のように見える。

「ルナ、ただいまー」

カミールが部屋のドアを開けると、丸い猫ベッドの中から真っ白な猫が伸びをしながら立ち上がった。ルナは大きなあくびを一つし、「お帰りなさい」とでもいうように、カミールの足に体をこすりつける。

カミールは猫を抱き上げ、その柔らかそうな額にそっとキスした。安心しきったようにカミールの腕にもたれかかり、目を細めるルナ。なんてかわいい猫だろう。

一六歳になるというルナは、人間の年齢で言うと八〇歳ぐらいだろうか。すでにこれほど年を取った猫を引き取ろうという人はまず見つかりそうにない。しかも、ルナは慢性の腎臓病と甲状腺機能亢進《こうしん》症も抱えていた。腎臓病もそうだが、甲状腺機能亢進症も高齢の猫がなりやすい病気だ。甲状腺ホルモンの分泌が異常に活発になるため、急に落ち着きがなくなったり、食欲は旺盛なのにもかかわらず体重が減る、といった症状が見られる。主な治療は、ホルモンの量を調整するため定期的に抗甲状腺薬を投与することだが、ルナの場合は飼い主が治療を望まず、安楽死を選択しようとしたという。

しかし、ルナを診た獣医師がなんとか彼女の命を救いたいと思い、医療費は自分が負担するから引き取り手が見つかるまで預かってほしいとプログラムに頼んできたのだった。だが、その後の四年間にルナを引き取りたいという人は一人も現われなかった。

カミールがルナの世話係になったのは、ルナがプログラムに託されて二年後のこと。当時カミールは、ＰＰＰでの雇用をめざし、ペットケア講座を受講していた。

「この刑務所に犬を訓練するプログラムがあることは知っていたけど、まさか猫もいるなんて思ってもみなかったわ」と、カミールは話した。

「私は子どもの頃から猫と育って、生活のなかに猫がいなかったことはほとんどないの。だから刑務所の中でも猫と暮らせると知ったときは、ほんとうにわくわくしたわ」

猫と暮らすには、PPPで雇用されるか、もしくはPPPで猫の世話係をしている受刑者と同室になるかのどちらか。さいわいカミールはルナを担当している受刑者と同室になった。そして、その受刑者が出所したあと、ルナの世話を引き継いだのである。

初めてルナに会ったときは、ずいぶん神経質で、か弱そうな猫だな、と思ったそうだ。

「ところが、見かけとは正反対だったわ」と、カミールは笑いを浮かべた。

「ルナはじつはとってもタフで、けんかも強いの。この部屋の主は自分なんだってこと、きっちり犬たちにわからせる」

たしかに、犬より下の地位に甘んじる猫はあまりいない。犬がうっかりルナのお気に入りの場所に座ろうものなら、思いきり鼻先に猫パンチを食らうことだろう。

「ルナはおしゃべりでね、ご飯ちょうだい、撫でてちょうだい、トイレの砂を替えてちょうだいって、自分からニャオニャオ話しかけてくるの。初めて会った日から、私のベッドでいっしょに寝るようになって、すぐに絆ができたわ」

どちらかというとぶっきらぼうで、あまり感情を顔に出さないカミールだが、ルナの話をするときはなんとも優しい目をする。彼女は慈しむような表情を浮かべ、ルナと離れがたくなったある決定的なエピソードについて話してくれた。

カミールがルナの担当になって数か月ほど経った頃のこと。ある夜、突然ルナが発作を起こした。苦しそうに吐いたかと思うと、バッタリ倒れたのだ。呼びかけても触っても反応せず、ただハアハアと荒い息をしている。

急いでプログラムのスタッフ、レイチェルに緊急連絡をしたあと、カミールはルナをそっと毛布にくるみ、ベッドに横になった。意識を失ったルナは、ぴくりとも動かない。

「もうこのまま死んでしまうかもしれない……」

そう思うと、どっと涙があふれてきた。カミールは毛布ごとルナを抱きしめ、泣いた。さいわいなことに、ルナは二〇分ほどして意識を取り戻す。レイチェルが自宅から駆けつけたときには、もう水を飲めるまでに回復していた。だが、そもそもこんな発作が起こった原因は何なのか。何か命にかかわる病気なのではないか。

脳腫瘍かもしれない——。発作がおさまっていったん安堵《あんど》はしたものの、重い不安がカミールの胸をふさいだ。翌日、レイチェルがルナを動物病院に連れていったところ、発作の原因は甲状腺機能亢進症がさらに進み、薬の量が足りなくなったためとわかった。

「脳腫瘍じゃないとわかって、どんなにほっとしたか。甲状腺機能亢進症なら対処できるわ。きちんと投薬を続けさえすればいいんだもの」

カミールがルナを引き取ろうと心に決めたのはこのときだ。この子を置いていくなんてできない。ルナの命あるかぎり、私が面倒をみる、と。

彼女のその思いを、夫のブレントは受けとめてくれた。彼らの家は原則ペット不可だったが、ブレントは家主と交渉し、ルナを連れて帰る許可を得たのだ。

「私がいつもルナの話ばかりするから、どんなにルナを大事に思っているか察してくれたんだと思うわ。私が言い出す前に、夫のほうからルナを引き取ろうって言ってくれたの。彼自身はとくに動物好きというわけじゃないけど、私のためにね……」

カミールの声に感情がこもった。

ごく普通の人生が暗転した夜

カミールの家族は、一つ年上の夫ブレントと、一三歳の息子ギャヴィンだ。現在ワシントン州南部の町ヴァンクーバーに住む彼らは、月に二回、片道二時間半かけて面会に来る。彼女が収監されて最初の三年間は、毎週のように来てくれたそうだ。電話でもほぼ毎日のように話す。

ちなみに、日本の刑務所では、電話が許されるのは受刑態度がよいと認められた人または釈放直前の人に限られるうえ、もっとも受刑態度がよい人でも月二回まで、一回につき三〇分以内という制限がある。

一方、ワシントン州の刑務所の場合、一回の通話時間は二〇分までと制限があるが、毎日かけてもかまわない。また、最近では「JPay」という刑務所通信サービスを利用して、Eメールのやりとりもできるし、三〇分間のビデオ通信(スカイプのようなもの)もできる。刑務所側の人的負担は増えるだろうが、家族や友人との絆を維持することは社会復帰を成功させる重要な鍵、との認識が当局にあるからだ。カミールにとっても、家族と頻繁にコミュニケーションが取れることは大きな支えにちがいない。

彼女の夫ブレントは、元は海軍の軍人だったが、二〇〇五年に退役したあと、同じ会社に一〇年以上勤め、安定した生活を築いている。カミール自身も刑務所に来る前は、メディカル・アシスタントとして働いていた。メディカル・アシスタントというのは、医療事務と看護助手を合わせたような職種。カミールは循環器外科のメディカル・アシスタントとして、傷口の消毒、ガーゼ交換などの術後のケアにあたっていたそうだ。

「私の夢は、看護師になることだったの。でも、一九歳で結婚した翌年に息子が生まれ、夫はイラク戦争に行くことになって、フルタイムで看護学校に行くのはむずかしくなった。それで、まずはメディカル・アシスタントから始めることにしたのよ」

ブレントがイラクに派遣されているあいだ、カミールは医療関係の専門学校に通った。そして、息子を育てるかたわら、メディカル・アシスタントとして循環器外科で働いたのだった。やりがいのある仕事で、毎日が充実していた、と彼女は語った。

私の目の前に座るカミールは、端正に整った、とても美しい顔立ちの女性だ。ドラッグや暴力にさらされるハードな人生を送ってきた女性たちは、その苦難のあとが顔に刻まれていることが多いが、カミールの肌はすべすべで、ほっそりした指には銀色の結婚指輪が光る。彼女のどこを見ても、ごく普通の若い女性にしか見えなかった。

――あなたはどういう理由で、刑務所に来ることになったの？

私が単刀直入に尋ねると、カミールはあっさり答えた。

「飲酒運転で死亡事故を起こしたの」

そして、淡々と説明を続けた。

「私の車と――大きなRV車だったんだけど――相手方の車が正面衝突し、向こうの車に乗っていた四人のうち、二人が亡くなったの」

やりがいのある仕事を持ち、夫と息子と愛犬に囲まれ、何不自由ない暮らしをしていたカミール。その平穏な日々は、ある夜、ちょっとした気のゆるみから飲んで運転したことで、一瞬にして暗転することになったのだった。

――どのようにして事故に至ったのか、その夜のことを話してもらえる？

もし、思い出すのがつらくなかったら、と私はつけ加えた。

カミールは大丈夫、とうなずいて、言葉を続けた。

「あの夜のことは、あちこち記憶が抜け落ちてるの。アルコールのせいなのか、トラウマのせいなのかよくわからないけど、断片的にしか覚えてないのよ。私が覚えているのは、あの夜は職場の友人の新居で引っ越し祝いのディナーパーティーをしていたこと。彼女のお母さんとその友だちも来て、みんなでテーブルを囲んでワインを飲んだの。たぶんグラス四杯ぐらい飲んだと思うわ」

カミールは眉間に皺を寄せ、記憶をたぐり寄せようとするかのように話を続けた。

「で、そのあと彼女の友人がバンドで演奏するのを聞きにいこうという話になったの。それが夜の九時ぐらい。なぜ私が運転することになったのか……たしか、誰かが迎えに来てくれるとかそんな話だったような気がするけど、誰も来なくて、結局私が車を出すことになったの。自分は酔ってない、大丈夫、と思ったのかもしれない」

——相手の車に衝突したときのことは覚えてる？

いいえ、と、カミールは首を振った。

「かすかに覚えているのは、誰かが私の写真を撮っていたこと。エアバッグが膨らんでいたこと。警察官に『ごめんなさい』と謝っていたことぐらい。次の記憶は病院の中までないわ」

病院では入院着を着せられ、車椅子に乗せられて、あちこち検査に連れ回されたことを覚えている。カミールの車に同乗していた友人は肋骨を折ったが、カミール自身は摩擦で胸部にシートベルト痕ができただけだった。

その夜、カミールは病院に駆けつけた夫と息子とともに帰宅することが許された。だが、翌朝自分のベッドで目が覚めたときは、茫然《ぼうぜん》自失。どうしていいかわからず、ソファに座ってぼーっと宙を見つめるだけだったという。弁護士を探すなど、司法手続きへの準備を始めたのは夫のブレントだった。カミールの職場の上司が、知り合いの弁護士を紹介してくれた。

人の命を奪うということ

約一年後、カミールは司法取引を受け入れ、刑期は八四か月(七年)に決まった。だが、その刑期を長いとは思わなかったという。

「どんなに長い刑期だって、被害者の遺族にとっては不十分だもの。それより、裁判が延々と続くことで、自分の家族にこれ以上の負担をかけるのは避けたかった」

司法取引に応じたあと、量刑を決める審問のために出廷したとき、カミールは初めて被害者の遺族と対面した。それまでは遺族へのコンタクトをいっさい禁じられていたため、手紙を出すこともできなかった。直接遺族に謝罪の言葉を伝えることが許されたのは、このときが初めてだった。

カミールは必死で手紙を読み上げた。自分が取り返しのつかないことをしてしまったこと。心から申しわけなく思っていること……。

――遺族と対面したときの気持ちはどうだった?

カミールは一瞬宙を見つめ、ぽつりと言った。

「つらかったわ……もう、たまらなく……」

「法廷に入っても、最初は誰が誰だかわからなかったの。遺族と会ったことはなかったし、向こうも私の顔は知らないから。それが、名前を呼ばれて立ち上がったら、彼らがいっせいに振り向いて、私のほうを見た。亡くなった女性の写真を胸に抱えて。そして、私に言ったの。『この娘だよ、おまえが私たちから奪ったのは』って」

カミールの声がかすれた。

「亡くなったのは、二四歳の女性と一八歳の男性だった。男性のほうの遺族は何も言わなかったけど、彼の顔写真と名前をプリントしたTシャツを着てた。それでわかったの、彼らが遺族だって……」

カミールは絞り出すような声で言った。

「あのときの気持ちは、とてもじゃないけど言葉では言い表わせない。自分がどんなにひどいことをしたか。どれだけ多くの人の人生を永遠にぶち壊してしまったか。とにかくもう悲惨だったわ……」

カミールにはパニック障害があり、このときも不安のあまりパニックに襲われるのではないかと恐れていたという。だが、なぜかパニックは起こらず、その場に凍りついただけだった。周囲からはおそらく何の表情も見せず、ただ突っ立っているだけに見えただろう。

堰を切ったように感情があふれてきたのは、審問の部屋を出たあとだった。カミールは階段に座り込んで泣いた。

つらい話をさせてごめんね、と私が謝ると、カミールは首を振った。

「いいの、このことはいつもしょっちゅう考えてることだから」

そして、話を続けた。

「去年のクリスマスに、ある受刑者が近づいてきて、突然こう言ったの。『私の家族はあなたを憎んでいるけど、私はあなたを許すわ』って。なんと、彼女は亡くなった一八歳の男性のいとこで、彼のお母さんからのメッセージを伝えに来てくれたの。私を許すって……。

お母さん以外の家族は、刑務所の中で私を見たら、ぶん殴れって言ってたらしい。でも彼女は、息子を奪われた母親が許すのなら、自分もそうすべきだと思ったんだって」

——それを聞いたとき、どんな気持ちになった？

「ほっとした……」と言いかけて、カミールは言葉に詰まった。みるみる目に涙がたまっていく。

長い沈黙のあと、彼女はつぶやいた。

「自分がしたことへの罪悪感を抱えて生きるだけでも、十分つらいの。そのうえに、心底私を憎んでいる人たちがいるというのがね……」

——でも、彼のお母さんは許してくれたのね。

「そう、それはほんとうに大きいわ」

そう言ってカミールはちょっと笑顔になり、涙をぬぐった。

先週末、刑務所内で上映された映画に、酒に酔ったドライバーが人をはねて死なせるシーンがあったという。

「映画でも、本でも、飲酒運転で人の命が奪われるシーンがしょっちゅう出てくるでしょう。常に自分がしたことを思い出させられるの……けっして忘れることはないわ」

——あの事故は避けられたと思う?

「もしあの夜、ディナーに行かずに家にいたら、避けられたんでしょうね。でも、他の夜だって起こりえたことだわ。あのときより、もっとたくさん飲んでた夜だってあったもの。私がそうだったように、あまりに多くの人が飲んで運転してる。酔っていようがいまいが。これはほんとうに大きな問題だわ」

刑期を終えたら、高校や大学で若い人たちに自分の経験を話したい、とカミールは言った。このことについて話すのはつらいだろうけど、一人でも自分と同じ過ちを犯す人を減らすことができるのなら……と。

カミールの生い立ち

前にも書いたように、看護師になる夢に向かって着実にステップを重ねつつ、夫と息子と三人で幸せな生活を築いていたカミールは、一見ごく平穏で順調な人生を送ってきた人のように見える。ところが、彼女の生い立ちを聞かせてもらうと、それまで私が抱いていた印象は大きく裏切られることになった。

カミールはカリフォルニアの州都サクラメントに近いプラサヴィルという町で、七人きょうだいの真ん中として誕生。母親が三度結婚したため、父親の違うきょうだいが四人いる。カミールは母親の二度目の夫との子どもだ。

どんな子ども時代だった？　という私の質問に、カミールはため息をついて答えた。

「ものすごく汚くて、散らかった家で育ったの。母が物をため込む人だったから……」

彼女の母親はいわゆるホーダー（ため込む人）で、家はゴミ屋敷だったのだという。足の踏み場もないほど散らかり、誰も掃除をしない家の中に、二五匹の猫と二匹の犬、それに子ども七人――。それはかなりすさまじい光景だったにちがいない。

「こんな家に友だちを呼ぶなんて、とてもできなかった。うちに来たことがあるのは、ごく親しかった二人だけ。小さい頃から、うちは他の家とは違うってわかっていたわ。友だちの家はどこもきちんと片づいて、清潔だったから」

――経済的にはどうだった？

「ギリギリだったと思う。しょっちゅう電気を止められそうになっていたもの。父は建設労働者だったんだけど、背中を痛めてから働けなくなって、障害者手当をもらうようになった。母は保育園のまかないをしていたけど、たいした収入じゃないし。私たち子どもはよく祖母の家に行ってご飯を食べさせてもらったものよ。服も祖母と叔母が買ってくれたわ。毎年イースター(復活節)の時期になると、ちゃんとした服装で教会に行けるようにって、新しい服を買ってくれた」

――自分の家が他の家と違うということ、どんなふうに感じていた？

「常に恥ずかしい思いをしていたわ。服についた臭いで、どんな家に住んでるかわかってしまうんじゃないかって……。いつも清潔で新しい服を着ている他の家の子たちがうらやましかった。

いまでも、猫のおしっこの臭いはどこにいてもすぐわかるの。家の中は猫の糞尿にまみれていたから、あの臭いには敏感になっているんだと思う。まあ、二五匹もいたのは母だけの責任じゃないけどね。私たちもよく捨て猫を拾ってきてたから。

あるとき、自分の不満を両親にぶつけたときのことを、いまでもはっきり覚えているわ。まだ子どもなのに、なぜ大人の役割をさせられるの？　もう嫌だ、疲れたって。両親はしょっちゅう言い争いをしては、腹を立てて家から出ていってしまうの、私たち子どもを置き去りにして。で、幼い弟と妹の面倒をみるのはいつも私だった」

不仲だった両親は、結局カミールが一四歳のときに離婚したという。いさかいが絶えず、足の踏み場もないゴミ屋敷で、親から十分なケアを受けずに育つ――これは虐待の一種、少なくともネグレクトではないのかと私には思えた。が、カミールの見方は違った。

「この刑務所の他の女性たちの話を聞くと、私はなんて恵まれてたんだろうって思うわ。トラウマだらけの、ほんとうに悲惨な人生を生きてきた人がたくさんいるもの」

たしかに、カミールの場合、親からの暴力にさらされるようなことはなかった。両親は問題を抱えながらも、彼女のやりたいことを応援しようとしてくれたようだ。カミールが情熱を注いでいたのはバレーボールだった。彼女は一〇歳のときから地元のバレーボールチームで活躍し、あちこちに遠征していたのだが、母親は残業をして彼女の遠征費用を捻出したという。

だが、私がバレーボールは息抜きになったかと聞くと、意外な答が返ってきた。

「イエスでもあり、ノーでもあるわね……。たとえば、チームメイトの家に泊まりにいくときは、私の服や寝袋が臭うんじゃないかと気になるの。私以外の子の家はみんなお金持ち。彼女たちの持ち物は、どれも清潔で新しいものばかり。チームの中で、私だけが貧乏で汚い子どもだった」

「それでも、他の子たちからからかわれたり、差別されたりしたことは一度もなかったわ。問題はその子たちの親。私がチームにいるのを快く思ってないのはなんとなく感じてたけど、あるとき、コーチが私に言ったの。他の子の親たちが、私がチームに残るならもうお金を出さないと言ってるって。試合には出ず、ベンチにいるか、それとも一つ下のレベルのチームに移ってプレーするか、どちらかにしてくれないかって」

アメリカのクラブスポーツは親たちの寄付金で成り立っているため、これはかなり強烈な脅しである。カミールは泣く泣く一つ下のレベルのチームに移籍した。だが、それからはもうバレーボールに情熱を感じられなくなってしまった。真剣にバレーボールに打ち込んでいたカミールにとって、自分のレベルより下のチームでプレーして楽しいはずがない。まもなくカミールは六年間情熱を傾けたバレーボールをやめてしまう。

その後、カミールはテレマーケティングの会社でアルバイトを始めた。そして、そこで知り合った少し年上の友人たちとつき合うのが楽しくなり、学校に行かなくなった。中学に入学したときは成績のいい生徒たちばかりを集めた上級クラスにいたのに、高校では成績は下がり続け、卒業まであと一年というときにドロップアウト。だが、高校卒業資格は必要だと思い、後にGED(日本の高等学校卒業程度認定のようなもの)を取った。

夫となるブレントに出会ったのは、テレマーケティングの仕事をしていた一六歳のとき。彼は同じ職場の同僚だった。出会ってから一年ほどして交際するようになり、やがていっしょに暮らすようになって、一九歳で結婚。二〇歳のとき息子のギャヴィンが誕生した。その翌年にイラク戦争が始まり、当時海軍にいたブレントがイラクに派遣されたことは、前に書いたとおりだ。ギャヴィンが一歳になるまで、カミールはほぼ一人で子育てをしなければならなかったが、ブレントは二〇〇五年に除隊し、家族のもとに戻ってきた。以降、家族三人の平穏な日々は、あの事故の夜に断ち切られるまで続いた。

出所準備

カミールがWCCWに収監されたのは二〇一〇年。二〇一三年にPPPに雇用されて以来、丸二年、プログラムで働いた。その間、プログラムの創始者であるシスター・ポーリーン(元キャシー・クイン)の子犬を預かって基本のしつけをしたり、介助犬候補の犬の訓練をしたりしたが、トレーナーとしては基礎レベルを習得したところで終わり、カミールはグルーマーになることを選んだ。

出所予定を翌週の月曜日に控えた最後の金曜日、カミールはグルーマーとしての就職活動に備え、就労支援スタッフのレイチェルと履歴書作りをした。技能レベルを示す技能証明書のコピー、自分がグルーミングした犬たちのビフォー&アフターの写真などを入れたポートフォリオももらった。PPPでは、グルーマーになる受刑者には、出所後すぐ仕事を始められるようグルーミング道具一式を支給する。カミールはそれに加え、ルナのベッドやキャリーケースなど、かなりの荷物を持って出ることになった。

履歴書作りのあとは、「クローズ・クローゼット」へ。これは受刑者が出所するときに着る服と、採用面接の際に着るきちんとした服を提供するプログラムで、ボランティアが運営している。夏に出所するカミールは、半袖のシャツとジーンズを選んだ。

旅立ちの日に着る服も決まり、出所前に済ませておきたい仕事はあと一つだけ。それはルナのグルーミングだった。カミールはルナを洗い場に連れていき、温かいお湯で体を洗う。カミールの手早さもさることながら、ルナがおとなしくされるがままになっているのには驚いた。たいていの猫は濡れるのを嫌い、大暴れして抵抗するものだが、ルナは小さな声で「ミャオ……」とつぶやいただけ。あれよあれよという間にシャンプーが終わり、ブローも終わって、ルナの純白の毛はふわふわになった。

爪切りのあいだもルナはまったく抵抗せず、カミールの腕の中で静かに目を閉じている。ルナは心底カミールを信頼しているのだろう。自分の猫の爪切りに毎回苦労している私としては、うらやましいかぎりだった。

出所準備が一段落したあと、私たちはオフィスの隅に行き、向き合って座った。塀の中で彼女の話を聞くのは、これが最後となる。

──あなたはこの刑務所に五年いたわけだけど、ここでの生活で一番つらかったことは何だった？

「自分の家族から引き離されていたことよ」

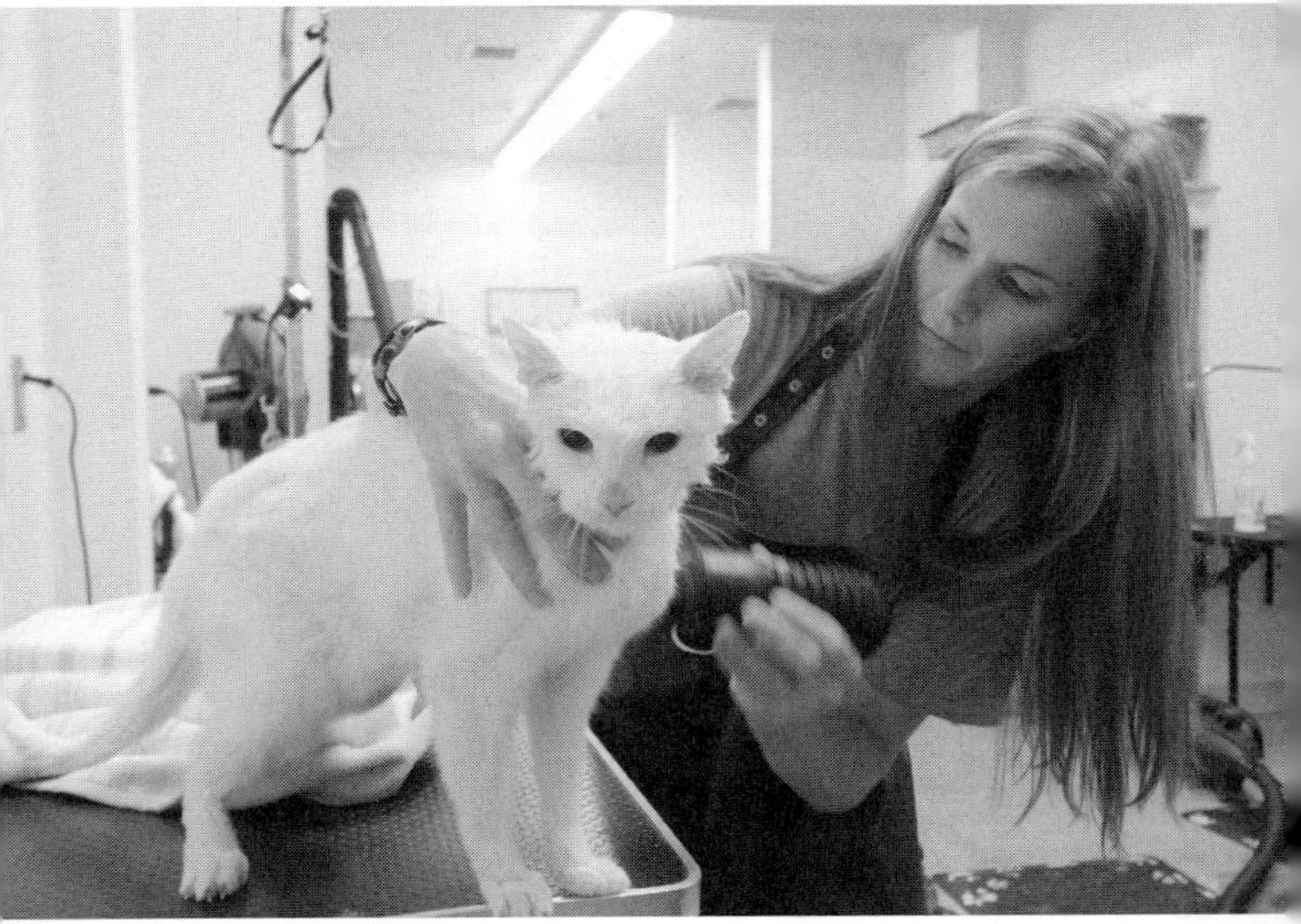

おとなしくグルーミングされるルナ

カミールは即座に答えた。

「誰かにそばにいてほしくてたまらないときに、いない。電話だって、録音されているからプライバシーはない。常に誰かに見張られているっていうのは、ほんとうにつらいことよ」

二年前、父親が病院で亡くなったとき、カミールは駆けつけたくても駆けつけられなかった。刑務所の中には悲しみを分かち合える人はいない。誰かに抱きしめてもらいたくても、刑務所では身体接触は禁じられている。しかたなく、ベッドに突っ伏して泣いているところに寄り添ってくれたのは、ルナだった。

「私が泣いていると、ルナは自分の顔を私にこすりつけてきたの。ゴロゴロ喉を鳴らしながら。動物たちは、ほんとうによく人の感情を察してくれるわ。私が悲しんだり、落ち込んだりしてると、すぐそばに来て、寄り添ってくれる」

「ルナはほんとに愛情深い猫よ……」

カミールは感情をこめて言った。

毎日、カミールがPPPでの仕事から帰ってくると、嬉しそうに喉を鳴らして迎えるルナ。社会で暮らす私たちにとっても、帰宅したとき「お帰り」と迎えてくれる動物の存在はとても嬉しいものだ。ましてや刑務所のようなところで、部屋で自分を待っていてくれる動物がいたら――それがどれほど大きな喜びを与えてくれるか想像に難くない。

ルナの存在は、刑務所で暮らす他の人びとにとっても癒しになっているようだ。犬や猫が苦手、あるいはアレルギーのある人たちに配慮し、動物の飼育は中警備ユニットの一ウイングと、三つある軽警備ユニットのうちの一つだけに限られているが、人なつこいルナは、カミールのユニットのマスコットのような存在だという。

猫たちはそれぞれの担当受刑者の居室の中で暮らすのが原則だが、天気のいい日はポーチに出してひなたぼっこをさせたり、短い距離ならユニット内を散歩させたりしてもいいことになっている。ルナが外に出ると、他の受刑者だけでなく、猫好きの刑務官たちもルナを撫でにくるそうだ。ルナを介することで刑務所独特の殺伐とした空気が和み、人間どうしのコミュニケーションも円滑になる。ルナはカミールのよきコンパニオンであるだけでなく、人間関係の触媒としての役割も果たしているのだ。

それにしても、いよいよ出所を三日後に控えたいま、カミールはどんなことを感じているのだろう。

彼女はちょっと目を閉じ、こう答えた。

「嬉しくて待ちきれない……その一方で、すごくナーバスにもなってる。出てから自分が果たさなければならない役割や責任を思うとね。月曜日から突然また妻になり、母になるんだもの。料理をしたり、掃除をしたり、電話が鳴ったら出なくちゃいけない。ささいなことかもしれないんだけど、すごく大変なことのように思えてならないの」

カミールはワーク・リリース(第3章参照)には入らず、直接家に帰る。家族のサポートがある彼女は、すぐに就労できなくても路頭に迷う心配はない。他の多くの女性たちに比べればずいぶん恵まれた状況にあると思っていたが、ふたたび家庭での自分の役割を取り戻すという別のチャレンジもあるのだと感じた。

ところで、カミールが連れて帰ろうとしている動物はルナだけではなかった。じつは、ルビーという雑種犬も、すでに一足先に出てカミールを待っているのだという。ルビーは、保護団体からPPPに託された犬。PPPは犬たちが引き取られるチャンスを高めるため、グルーミングをすることで保護団体に協力しているのである。

プログラムに来たとき、ルビーの皮膚には赤い湿疹ができていた。世話係を任されたカミールは、ルビーを念入りにグルーミングし、基本的なしつけもした。三か月いっしょに暮らした後、カミールはもうルビーを手放せなくなってしまった。

そこで、ルナのとき同様、ルビーについても夫が家主の了解を取り、保護団体の同意も得て、カミールは正式にルビーの引き取り手になることができたというわけだ。いまは、カミールがとりわけ親しくしていたPPPの仲間レイチェル(第6章に登場)が、カミールが出てくるまでルビーを預かってくれている。

ルナとルビー。刑務所での日々を支えてくれた動物たちとともに、もうすぐカミールは新しい人生を始める。

ママが帰ってくる日

八月の最後の月曜日、待ちに待った仮釈放の朝が来た。薄い雲におおわれた青空からはところどころ陽が射し、旅立ちには申し分ないお天気だ。

八時過ぎに刑務所のロビーに行くと、カミールの夫ブレントと息子のギャヴィンはすでに到着していた。初めて会うカミールの家族。ブレントはとてももの静かで、優しい目をした男性だ。ギャヴィンも父親にそっくりの穏やかなまなざしをしている。

ブレントが「この五年は長かったようで、早かったね」と口を開くと、ギャヴィンは言った。

「長かったよ、やっぱり……」

ギャヴィンは昨夜、気持ちが昂《たかぶ》って眠れなかったという。

「ずっと待ち続けていたことが、今日ついに実現するんだと思うとね」

彼はカミールが収監されたとき、八歳。まだまだ母親を必要とする年齢だ。

「なぜママが刑務所に行かなきゃならないのか、理解はしたよ……悲しかったけどね。離れているのも、最初はつらかったけど、そのうち慣れた」

ブレントが説明してくれた。

「最初の三年間は、毎週末面会に来るようにしたんだ。その後は二か月おきに『トレーラー訪問』(第2章参照)ができるようになった。金曜の午後二時から日曜の午後二時まで四八時間、家族いっしょに過ごせる『トレーラー訪問』は、ギャヴィンにとってもほんとうに大きな助けになったと思う。電話でもほぼ毎日話しているしね」

事故当時、一家が住んでいたのはワシントン州の北部だった。だが、カミールが刑務所に行くと決まったとき、ブレントは妹の住む南部のヴァンクーバーに引っ越すことにした。そうすれば、自分が仕事で遅くなったり、出張で留守にしたりするときには、妹にギャヴィンを見てもらえる。ブレントの会社も理解があり、ヴァンクーバーから近いオレゴン州ポートランドの支店に転勤させてくれた。

ブレントはこう話した。

「カミールがPPPで雇用されたときは嬉しかったよ。自分が世話をする犬や猫がそばにいれば、より前向きに生きられるだろうから。動物の存在は癒しになるしね」

ブレントもギャヴィンも、ルナにはまだ会ったことがない。いつも話に聞いていたルナにようやく会えるのを、二人とも心から楽しみにしていた。

カミールとルナが出てくるのを待つあいだ、一つ気になることをギャヴィンに聞いてみた。

――友だちにはお母さんが刑務所にいることを話しているの?

「深くは話さないけど、信頼できる友だちにだけはさらっとね……。あるとき、クラスでみんなの前で話したことがあるんだ。そしたら、何人かの子はそれから違う態度を取るようになったんだ。それまでは普通にふざけ合ったり、突っつき合ったりしてたのに、急にしなくなった。全然変わらず接してくれた子たちもいたけどね」

ギャヴィンがそう話すあいだ、ブレントは息子の背中に手を回し、いたわるようにさすり始めた。これはギャヴィンにとって、かなり痛みを伴う経験だったのだろう。母親が刑務所にいることで、他の子どもたちから異質な存在ととらえられ、距離を置かれるとしたら——皆と同じでいたい思春期の子どもには、どれだけつらいだろうと思う。

ギャヴィンにはこんな質問もしてみた。

——ママが帰ってきたら、どんなことをしたい？

すると、少し考えたあと、ギャヴィンの口から出てきたのはこんな言葉だった。

「ママに普通の生活を取り戻してもらいたい。自分で選択ができる生活を」

それを聞いて、私は一瞬ノートを取る手が止まってしまった。ブレントも目を見開き、感心したように息子を見る。一三歳の少年から出たとは思えない、深い洞察を感じさせる言葉。私はてっきり、いっしょにキャンプに行きたいとか、おいしいものを食べたいとか、そういう子どもらしい希望が語られるものと思っていた。だがギャヴィンは、私が考えるよりはるかに成熟した、思慮深い少年のようだった。あるいは、そうならざるを得なかったのかもしれないが……。

九時過ぎ、PPPスタッフのレイチェルが、ルナを入れたキャリーケースを運んできた。ブレントとギャヴィンはキャリーのふたを開け、初めてルナと対面。ギャヴィンの顔に満面の笑みが広がる。彼はキャリーの中に手を入れ、そっとルナの背中を撫でた。レイチェルに続き、PPPのスタッフが続々とロビーに集まってくる。すでに辞めている元職員までが、カミールを見送るために自宅から駆けつけてきた。

「私たち、誰かが出所するときには必ずこうしてみんなで見送るの」と、ディレクターのベスが言う。

そこに、刑務所の広報担当者が「もうすぐカミールが出てくるわよ」と知らせにきてくれた。鉄条網に囲まれたゲートの向こう側から、カミールと、今日釈放される他の女性たちがそろって出てくる。先週の金曜日に「クローズ・クローゼット」で選んだシャツとジーンズに身を包んだカミールは、もう受刑者には見えない。

セキュリティ・ゾーンでリリース・ペーパーにサインしたカミールに、刑務官が握手を求め、こう言った。

「犬を連れて歩いているとき、君はとてもいい笑顔をしていたよ」

刑務官がこんな温かい言葉をかけて受刑者を送り出すことに、ちょっと心を打たれる。

カミールがセキュリティ・ゾーンの外に出ると、ギャヴィンがもう待ちきれず、全身を投げ出すように駆け寄った。そして、自分よりずっと背の高い母親を抱え、持ち上げたのである。それを見ていっせいに拍手喝采を送るPPPスタッフ。ベスはこみ上げる感動をこらえきれず、目頭を押さえている。

集まったPPPのスタッフに向けて、カミールはこう挨拶した。

「皆さんの支えがなかったら、私はとてもここまで来られなかった。皆さんはここでの私の家族でした……」

途中で涙に詰まって話せなくなったカミールを、PPPのスタッフたちは一人一人近寄って抱きしめた。カミールは涙をぬぐいながら、何度も「ありがとう」を繰り返した。

別れの挨拶が終わると、カミールはルナのキャリーケースに近づいた。そして、じっとおとなしく待っていたルナを出して、腕に抱く。

「ルナ、これからいっしょに帰るんだよ」

ルナとともに車に向かって歩いていく三人の後ろ姿を見送りながら、私は以前カミールが言っていた言葉を思い出していた。

「ここを出たあと、ルナがどれだけ長く生きられるかはわからない。でも、少なくとも、自由の身で死ねるわ」

カミールにはまだ一八か月の保護観察期間が残っている。それが終わって初めて刑期満了となるが、彼女は今日、ようやく自由への第一歩を踏み出した。

出所の瞬間，カミールを持ち上げるギャヴィンと，見守るブレント

「さあ、いっしょに帰ろうね、ルナ」

再出発に向けて

カミールが出所してから一か月後の日曜日、私はヴァンクーバーの彼女の家を訪ねた。八月末のあの日から、彼女はどのように過ごしてきたのだろう。うまく外での生活に適応できただろうか。これからの展望は描けているのだろうか――。

カミールが家族とともに暮らす家は、針葉樹に囲まれた緑豊かな環境にあった。出迎えてくれたカミールは、グルーミングルームでいつもしていたように、長い髪をアップにしている。カミールのあとに続き、二頭の犬も出てきた。一頭はもちろん刑務所から来たルビー。もう一頭は、一家が以前からずっと飼っているアンバーという年老いた犬だ。アンバーは、五年ぶりにカミールを見たとき、最初は誰だかわからなかったというが、いまはカミールのあとをついて回っている。

続いてブレントとギャヴィンも出てきたが、肝心のルナがいない。

「じつはね、ルナは家の中に入れることができないの……」

家主の好意でルナとルビーを引き取ることを認めてもらったものの、家主の奥さんが猫アレルギーのため、ルビーは納屋で暮らすことになったのだという。家の裏には広々とした庭があり、その中に納屋が建っている。それがルナの現在の住まいだった。

「見て。ルナが快適に暮らせるように、ずいぶん工夫したのよ」

納屋の中に入ると、窓際にソファが置かれ、まるでちょっとしたリビングルームのようになっている。ヒーターもあり、部屋はぽかぽかと暖かかった。ソファの上の猫ベッドの中で、ルナは気持ちよさそうに丸くなっている。なるほど、これなら十分居心地がよさそうだ。

カミールはルナを抱き上げ、庭に連れ出した。するとルナは、軽やかな足どりで、さっと駆け出すではないか。

――ルナ、なんだかちょっと若返ったんじゃない？

「そうなのよ！　広い庭を自由にパトロールできるようになって、ルナは刑務所にいたときよりずっと活動的になったの。まるで子猫に戻ったみたいに」

木に登ろうと飛びついたり、寄ってくる犬たちをかわしてひらりと飛びのいたり――ルナはとても一六歳の老猫とは思えないしなやかな身のこなしを見せる。そして、ギャヴィンがそばに行って抱き上げると、ゴロゴロと嬉しそうに喉を鳴らした。

ああ、ルナは幸せになったんだなあ。カミールといっしょに刑務所を出られて、ほんとうによかった……。

私が感慨にふけっていると、カミールもしみじみとした声で言った。

「家に入れてはいけないと言われたときは、一瞬目の前が真っ暗になったけど、ルナは十分この生活に満足してるみたい。ルナが幸せそうで、私も幸せよ」

その後、カミールが出所してからのことをいろいろ聞かせてもらった。たとえば、初めてこの家のベッドで目が覚めたときの気持ち。

「起きたらすぐ胸の名札を確認するとか、刑務所での習慣をそのまま続けてしまうにちがいないと思ってたの。でも、そんなことは何もなかった。まるでずっと前からここにいたような気がした。五年も刑務所にいたのに、こんなに簡単に元に戻れるとは思ってなかったわ。

大変なのは、そうね、買い物かな。刑務所ではどこに何があるか全部わかってたけど、大きなスーパーに行くと圧倒されて頭がクラクラするの。買い物リストを握りしめて行かないと、何も買えない」

ブレントがこう補足した。

「カミールが出所してから最初の二週間は、休暇を取って家にいたんだ。でも、僕が仕事に戻って昼間一人になると、カミールは一日に五回もテキストメッセージを送ってきた。『あれが見つからない』『あれはどこにあるの?』ってね。ほんとうに物を探していたというよりは、一人でいる不安からだったんじゃないかな」

カミールもうなずいて言った。

「刑務所では一人になることはないし、一日のスケジュールもすべて決められているから、何も考える必要がない。でも、ここではどうやって一日を過ごせばいいのかわか

ルナはすっかり家族の一員になった

らなかったの」

――いまはどう？

「もう一人でもいられるようになったわよ」と、カミールは笑った。

「朝起きたら朝食をつくり、スクールバスが来る場所までギャヴィンといっしょに歩いていって、バスを待つの。彼を送り出したあとは、犬たちを散歩させ、ルナと庭に出て遊ぶ。掃除、洗濯、ヨガをして、そのあとは音楽を聞いたり、テレビを見たり。そして、ギャヴィンが学校から帰ってくると、宿題を手伝うの。夜寝る前には、枕元で歌を歌ってあげる……」

彼女はギャヴィンがもっと小さかったときにしてあげられなかったことを、いまできるだけ埋め合わせようとしているかのようだ。

「この五年間は、僕にはほんとうに長かったよ。家に帰ってママがいないと、またいなくなってしまったのかと不安になるんだ。もう大丈夫だと思うけど……」

そう語る息子を見守るカミールは、なんとも切なそうな表情を浮かべている。

二人が話すのをじっと聞いていたブレントが、ゆっくりと口を開いた。

「僕はいま、とても強く感じていることが二つある。一つは、いまのこれこそがあるべき状態なんだということ。カミールがいないときは、何かがまちがってる、何かが欠けてるっていう感じがしてしょうがなかった。でも、その感情に正面から向きあうのは避け、目の前のことだけに集中することにしたんだ。今日の夕飯をどうするとか、この週末はギャヴィンと何をしようとかね。

カミールが刑務所に行くまで、僕らは一〇年いっしょにいた。毎朝いっしょに目を覚まし、何でも分かち合うのがあたりまえだった。でも、彼女がいなくなって、初めて気がついたんだ。それがどれほど特別なことだったかということに。

もちろん、お互いの意見がぶつかったこともあったよ。僕はじっくり時間をかけて考えてから物を言うほうだけど、彼女はもっとストレートで、自分の感情を正直に口に出す。それでけんかになったりしたこともあったけど、いまは譲れる。彼女の気持ちを尊重できる。僕たちはいま、自分たちの新しい関係性を築いているところなんだ」

「そして、もう一つ」と、ブレントはつけ加えた。

「この生活が永遠に続いてほしい」

ブレントが声に力を込めてそう言ったとき、カミールの目に涙が浮かんだ。口に出しては何も言わなかったけれど、心のなかで彼の愛情を受け取り、彼の言葉をかみしめているのがわかった。

仮釈放の条件として、カミールは二年間運転を禁じられている。当然ながら、アルコールもドラッグも禁止。ワシントン州を出て他の州に行くときには、事前に保護観察官に伝えなければならない。その他に、飲酒の問題を抱える人びとの自助グループである

ＡＡ（アルコホリックス・アノニマス）のミーティングと薬物依存離脱指導に、それぞれ週二回、一二週にわたって参加することが義務づけられている。

彼女は今後の生活に、どんな展望を抱いているのだろうか。

まずは、ＰＰＰが探してくれた地元のグルーマーのもとに弟子入りし、研修を受けることになっているという。カミールの一番の目標は、医療の世界に戻り、看護師になることだが、これはいつ実現できるかまだわからない。グルーマーとして働きつつ、医療の世界に戻るチャンスを待つことになるのだろう。

「前に進みたい。いまはその気持ちでいっぱいなの。もう一人子どもが欲しいし、この地域にバレーボールリーグがあるって聞いたから、バレーボールももう一度やってみたい」

今後のことを語るカミールの声は希望に満ちていた。

彼女がこれからも自分の罪を思い出し、罪悪感に苛《さいな》まれることは多々あるにちがいない。だが、カミールは生きていかなければならない。彼女を許してくれた遺族の思いを裏切らないよう、誠実に、真剣に。さいわいにも、そのための支えをカミールはたくさん持っている。

第5章

家庭犬になったハンプトン

怖がりのハンプトン

私が初めてメリッサに会った二〇一五年の五月、彼女はグルーミングルームで、真っ白なトイプードルの毛をカットしていた。いま三七歳だというメリッサは、二八歳のときからこの刑務所にいる。PPPに雇用されたのは二〇一二年の一二月。最初はトレーナーだったが、一年ほど前からグルーマーになった。

グルーミングルームの隅に置かれたケージの中には彼女が訓練中の犬ハンプトンが寝そべっていたが、私を見るなり身を起こし、激しく吠えたてる。

「ハンプトン、静かにね」

メリッサが声をかけると、ハンプトンは吠えるのをやめたが、それでもまだ油断できないぞ、というように低く唸り続けている。

「ごめんなさいね、ハンプトンは初対面の人には必ず吠えてしまうの。悪気はないんだけど、すごく怖がりなのよ」

PPPで、これほど警戒心の強い犬に遭遇するのは珍しい。ハンプトンは、いったいどういう事情でここに来たのだろう。

訓練担当マネージャーのグレイスによると、ハンプトンはネグレクトされていたとこ

グルーミングをするメリッサ

ろをきょうだい犬のイオナとともに動物愛護団体に保護され、そこからＰＰＰに来たのだという。二頭とも、介助犬候補としてではなく、新しい家庭を見つけるためのステップとしてこのプログラムに託されたらしい。彼女の見立てでは、ハンプトンの警戒心がこれほど強いのは、もともと臆病な気質であることに加え、まったく社会化されていなかったためではないかということだった。

ジャーマン・シェパードとラブラドール・レトリバーのミックスとおぼしきハンプトンがこのプログラムに来たのは、二〇一三年の一一月、生後五か月のときだった。もう一年半ＰＰＰにいることになる。

メリッサがハンプトンの訓練を任されたのは約一年前のこと。最初はイオナのほうを受け持っていたが、別のトレーナーからハンプトンの訓練を引き継ぐことになったのだ。きょうだい犬イオナの担当だったメリッサは、ハンプトンとはすでに「友だち」だった。だが、ハンプトンにとってもっとも特別な存在である「マイ・パーソン」として認められるには時間がかかった。

「イオナとはすぐ絆ができたから、ハンプトンともきっとそうなるだろうと思ってた。ところが、ハンプトンは人間を信頼せず、自分で何とかしようとする犬だったの」

怖い思いをすると、ハンプトンはメリッサに助けを求める代わりに、いきなり激しく吠えたて、相手に飛びかかろうとした。

だが、その行動が恐怖心から来るものだと理解していたメリッサは、けっしてハンプトンを罰することはなかった。そして、ハンプトンの信頼を勝ち得るために、まず、食事はボウルに入れる前に必ず手からあげるようにした。また、どこに行くにもいっしょに連れて歩き、他の人がハンプトンに近づきすぎないよう(つまり、彼が安全だと感じるテリトリーに侵入しないよう)気を配った。

そんなメリッサの行動をハンプトンはちゃんと見ていたのだろう。この人間は自分を守ってくれるという信頼が芽生えてきたようだ。ハンプトンがもっとも嫌ったのはじっと目を見つめられることだったが、メリッサにだけはすぐそばで見つめられても平気になった。約二か月後、ハンプトンはついにメリッサを「マイ・パーソン」として認めた。

現在のハンプトンの訓練の一番の目標は、彼の怖れと不安を和らげることだそうだが、それがなかなかむずかしい……とメリッサは話す。

「ふだん置いてないカートが歩道に置いてあるだけで、怯えるの。誰かが大きな荷物を持って歩いているとか、ふだん見ているものと少しでも違うものがあるともうだめ。予想外のことが起こると完全にビビってしまうの。ちょっとでも彼のほうに身を乗り出すとか、部屋に入るときにみんながいっせいに見るとか、急な動きもいっさいだめ」

ハンプトンの引き取り手を探すのはなかなか大変かもね……と私が言うと、メリッサはうなずいた。

「そう、これまで三回トライしたけど、全部だめだった。でも、ここの刑務官の中に、一人興味を持ってくれてる人がいるの。なるべくハンプトンが落ち着いているときの姿を見てもらって、どんなにいい犬かわかってもらうつもり。押しつけがましくならないように、あせらず、ゆっくりとね」

ハンプトンに新しい家族を見つけることは、メリッサにとっては、一年ものあいだ、ともに暮らした犬との別れを意味する。だが、彼女は迷いのない口調で言う。

「ここはハンプトンにとっていい環境とは言えないわ。人が多すぎるし、いろんな物音がするし、彼を不安にさせるものがたくさんある。私は彼に幸せになってもらいたい。誰か彼の家族になる人が現われてほしいと心から思うわ。

ハンプトンは長いあいだいるから、他の犬たちが新しい家族に引き取られてここを出ていくのをたくさん見てる。そのたびに、私、彼に言うのよ。『あなたにもいつかきっとすてきな家族が見つかるからね。あなたにぴったりの家族が見つかるまで、もうちょっと待っててね』って」

そして、メリッサはぼそっと言った。

「ハンプトンは私に似てるの。ほんとうは怖くてたまらないのに、それを隠すために強気にふるまうところが……。自分のありのままの姿を見せられるほど人を信頼するのって、すごくむずかしい……」

ここにいる女性たちの多くは、幼い頃からさまざまな拒絶や裏切りを経験し、もうこれ以上傷つかずにすむよう、心を固い鎧でおおっている。メリッサもまた、人を信じることのむずかしさを語った。そして、自分と同じような困難を抱えた犬が、人に心を開けるようになってほしいと願っている――。

今度会うときは、ぜひあなたの人生の物語を聞かせてもらいたい――私がそう言うと、メリッサは深くうなずいた。

「話したいことは山ほどあるわ」

ハンプトンとの別れ

三か月後、メリッサと再会したとき、ハンプトンはほんの三週間ほど前に新しい家族のもとに旅立ったばかりだった。なんと、引き取ったのはＰＰＰのスタッフであるベッツィのボーイフレンドの両親。ベッツィがダメもとでハンプトンを彼らの家に連れていったところ、すっかり気に入られたのだという。二週間のトライアル期間が終了する前に、もうハンプトンはその家の犬になっていた。

メリッサは、ＰＰＰのオフィスに貼ってある一枚の写真を指さして見せてくれた（一五三ページ）。なんとあのハンプトンが湖でボートに乗っているではないか。すっかりリラックスした様子で水の上を漂っている姿は、まるで「僕の居場所はここだよ」と言っているかのようだ。

ハンプトンの新しい家族は、ワシントン州東部の湖のほとりで悠々《ゆうゆう》自適の田舎暮らしをしている。人間に対しては強い警戒心を持つハンプトンだが、他の犬や猫たちとはとても仲がいいらしい。なかでも、家族がハンプトンに続いてPPPから引き取った三毛猫のカーリーと仲よくなり、どこに行くにもいっしょ。寝るときもいっしょだそうだ。ベッツィが言うには、他の動物たちが人間を信頼しているのを見て、ハンプトンも家族に心を許すようになったのだという。人混みや喧噪から離れた自然の中での穏やかな暮らしは、ハンプトンにとって最高の環境にちがいない。

——ハンプトンに新しい家族が見つかって、どんな気持ちだった？

「ありがたい。何よりそう思ったわ。これでやっとハンプトンはリラックスできる。刑務所にいたときのように、いつも怯え、身構えていなくていい。終生飼養してくれる家族のもとで、愛し、愛され、本来の自分らしさを出せる。ハンプトンは、ほんとうに愛情深い犬だから……」

ハンプトンの旅立ちの頃、女子刑務所ではたまたまノロウイルスが流行し、受刑者は数日間自分の生活棟から出てはならないことになった。それはメリッサにとっては、最後にハンプトンと二人だけで過ごせるかけがえのない時間となったようだ。

「『とうとうあなたの家族が見つかったよ。なんと、そこのおうちには湖があるの

新しい家族のもとでボートに乗るハンプトン（撮影：エリザベス・プラット）

よ！』ってハンプトンに話したの。ハンプトンは水が好きで、ＰＰＰの裏にあるプールで水浴びするといつも大喜びだったから。あなたはもう旅立つ準備ができている、大丈夫だよって言い聞かせた。そして、どんなに私が彼を愛しているかも……」

旅立ちの日、ベッツィがメリッサの生活棟までハンプトンを迎えに来た。生活棟の入口でベッツィにリードを渡したとき、ハンプトンはこれでお別れだということがわかったようだった、とメリッサは言う。彼は少し怯えた様子を見せ、キャンパスを横切るあいだ、何度も立ち止まってはメリッサのほうを振り返った。

「私はそこに立ったまま、ずっとハンプトンの後ろ姿を見送っていた。私の犬、私の友だちが行ってしまった……。

ハンプトンがいつかいなくなるのはわかっていたし、ずっと心の準備をしてきたつもりだったわ。でも、ここまで深い喪失感に襲われるとは思ってなかった。ハンプトンを失うのと同時に、いままでのいろんな喪失が全部いっしょくたになって……」

突然メリッサの声が震え、一気に涙があふれ出した。

「私が失ったもの——子どもたち、自由、若さ——逮捕されたとき、私はまだ若かったから——そのどれもが、まるで津波のようにどっと押し寄せてきたの。

同時に、どうしようもない無力感を感じたわ。自分の人生で、私自身がコントロール

お腹を出してメリッサに甘えるハンプトン

できることはほとんどない、私に変えられることなんてほとんどないんだと……」

私がハンカチを差し出すと、メリッサは微笑み、それで涙をふきながら話を続けた。

「ハンプトンの訓練は、そんな私にもできる数少ない、いいことの一つだった。だからこそ、いっしょうけんめい彼に向き合ったわ。でも、そうすると強い絆ができてしまう。そして、その絆がある日突然奪われてしまう……。

『しょせん私は刑務所にいる身。私の人生なんてこんなもの』。そんな投げやりな気分にもなった。長くは続かなかったけどね」

メリッサは気持ちを切り替えるように言った。

「いまは、ハンプトンとの別れの悲しみより、いっしょにいられたことへの感謝のほうが大きいの。このひどい喪失感さえ、いまは経験してよかったと思えるようになった。そのおかげでいまあるものをより大切にできるようになるというか、また少し成長したような気がするから……」

メリッサは考えながら、さらに言葉を紡いでいった。

「でも、ハンプトンが行ってしまった直後は、とてもそんなふうには思えなかった。また大切なものを失うの？　もう十分失ってきたのに、まだあとどれだけ失えばいいの？　いつまでこれが続くんだろうって。

私は罪を犯したわ……忌まわしい、凶悪な犯罪を。その私がこんなことを言うなんて許されないことだとわかっている。でもね、あのときは、もうこれ以上の喪失には耐えられないと思った……」

私が撃ったの?

メリッサが自分の犯した罪に言及したところで、私はいちばん聞きづらい質問を投げかけることにした——あなたはどんな犯罪をしてここにいるのか。

すると、メリッサは心を鎮めるかのように一瞬大きく息を吸い込んだ後、語り始めた。

「私には薬物依存があるの。覚醒剤よ。一六歳の頃からずっと……。私はゴードンという男と、破滅的で暴力的な関係にあって、薬でハイになってるときに、彼といっしょに人を殺してしまったの。ウィリーという若い男性を……」

「あのとき、私たち三人は覚醒剤とエクスタシーでハイになってセックスをしてた。それがいつのまにか口論になって、ゴードンがチューブでできた手作りの銃を私に渡し、『こんな奴、撃ってしまえ』って言ったのよ。私は言われるままに引き金を引いた。銃声を聞いてハッと我に返って、『えっ、いま撃ったのは私？　まさか私、撃ってないよね？』って叫んだのを覚えてるわ。

弾はウィリーのこめかみに当たったけど、致命傷ではなかった。でも、血を流して床に倒れた彼を、私たちはそのまま何時間も放置した。その間、ウィリーは何度も私に懇願したの、『家に帰りたい』って。私は『ゴードンが何とかするわよ』と言うだけで、何もしなかった……」

メリッサの言葉はとぎれとぎれになり、やがて絞り出すような声になった。

「この話をするのはずいぶん久しぶりなの。司法取引のとき以来だから、八年ぶり。でも、あのとき話したのと、いまの見方はかなり違うわ。当時は私、あれは事故だったんだって言いはったの。でも、いまはそう思ってない。あれはたしかに私がやったこと、自分が犯した罪なのよ。お金のためとか、薬を手に入れるためとか、ウィリーを殺すことをあらかじめ計画してたわけじゃないし、彼を殺したくて殺したわけじゃない。私は完全にハイになってて、どうしてあのとき口論になったのかも覚えてない。でも、銃を撃ったあとのことははっきり覚えているわ。もしあのときすぐに助けを呼んでいたら、ウィリーの命は救われたかもしれない。それなのに、私は何もしなかったの」

——何もしなかったのはなぜなのか、覚えている？

「怖かったの。罪に問われることもそうだけど、ゴードンが怖かった。彼が何をするかわからなかったから……」

ウィリーが床に倒れてから六時間後、ゴードンはついに手を下した。ハンマーでウィリーの頭を殴り、息の根を止めたのだ。地元の新聞の記事(*The Centralia Chronicle*, October 25, 2014)によると、ゴードンはハンマーを振り下ろすとき、メリッサにウィリーの目をじっと見るよう命令したという。自分が人を殺すその瞬間、彼女にその人間の最後の表情を見るよう強制する――なんという冷酷さだろう。考えるだけで鳥肌が立つ。

同じ記事には、この事件の捜査を担当した刑事のコメントが載っていた。

「ゴードンは他の人間に対する共感力がいっさい欠如したソシオパス(社会病質者)だ。彼はメリッサを完全に支配下に置いていた。彼の支配がなければ、メリッサが殺人にかかわることはなかっただろう」

別の刑事も、「彼女は想像に絶する虐待を受けていた」とコメントしている。

いったいメリッサはどういういきさつでこの恐ろしい犯罪にかかわることになったのか。ゴードンとの関係性はどんなものだったのか。

そこに至る前に、まずはメリッサの生い立ちについて語ってもらった。

拒絶の痛みを抱えて

メリッサの両親は、彼女が二歳のときに離婚。メリッサは父親と、三歳年上の姉は母親と暮らすことになった。

両親が離婚したとき、父親のほうに引き取られたメリッサは、母親に捨てられたと感じた。母親が離婚後すぐ再婚し、二人の子どもをもうけたことも、その思いに拍車をかけたようだ。メリッサは週末や休日はよく母の家で過ごしたが、いつも自分だけが仲間外れにされている気がしていたという。

「母に対しても、きょうだいたちに対しても怒りを感じてたわ。『あの子たちのどこが私よりいいのよ？』って。母と仲がよかった姉のこともねたましかった」

メリッサが四歳のとき、父親はジュディという女性と同居を始める。ジュディはメリッサをかわいがり、かいがいしく世話を焼いた。ところが、メリッサが思春期に近づくと、ジュディは突然冷たくなってしまったのだという。ジュディはまだ子どもの彼女のことを、あたかもパートナーをめぐって張り合うライバルであるかのように扱った。

「私が幼い頃はあんなにかわいがってくれたのに、なぜ？　わけがわからなかったわ。母だけじゃなく、ジュディからも拒絶された気がして、ほんとうに悲しかった」

女性と信頼関係を築くのはむずかしかった、とメリッサは言う。この刑務所に来てようやく女性たちともつき合えるようになったが、以前は男性としかつき合わなかった。

「子どもの頃のあなたは、どんな子だった？」と私が尋ねると、メリッサは「とってもドラマチックな子」と答えて笑った。みんなに注目されたくて、歌ったり踊ったり、目立つことをするのが好きだったという。

「基本的には私はいい子だったの。大好きな父をがっかりさせたくないっていつも思っていたから。私はたぶん相当甘やかされてたと思うわ。ちょっとおねだりすれば、たいていのものは買ってもらえたしね」

そう言って、メリッサは明るく声を立てて笑った。

それなりに平穏だったメリッサの生活が一変するのは一六歳のとき。ジュディがじつは隠れて覚醒剤を使っていたことがわかり、彼女といっしょに初めて少量の覚醒剤を試したのだ。さらに、家に転がり込んできたジュディの弟がメリッサに性的な関心を持ち、覚醒剤を渡して気を引こうとしたため、メリッサはどんどん薬物にはまっていった。

当時高校生だったメリッサは、最初の頃こそ演劇部で舞台に立ったり、チアリーダーをやったりしていたが、しだいに反抗的になり、学校に居場所がなくなっていったという。やがて学校には行かなくなった。

ジュディの弟が待ちかまえているから、家にも帰りたくない。だが、その一方で、心のどこかに、彼の欲望の対象となっていることをまんざらでもなく思っている自分もいる。そんなふうに感じるなんて、自分はほんとうは悪い人間なのではないか——。

困惑と自己嫌悪がピークに達したある日、メリッサは発作的に家出した。

無軌道な日々

メリッサは元ボーイフレンドのベンのところに転がり込み、彼とのあいだに息子を妊娠する。でも、いったい父親に何と言えばいいんだろう——。あんなに父親を失望させたくないと思っていたのに、自分がやっているのはすべて正反対のことばかり……。

だが、おそるおそる父親に連絡し、妊娠を打ち明けたメリッサは、思いもかけなかった温かい言葉を聞くことになった。

「父は言ったの。いつか孫の顔を見るのを楽しみにしてたって。こんなにすぐにとは思ってなかったけど、って……」

父の許しを得て、彼女はボーイフレンドのベンとともに、息子を連れて実家の近くに移り住む。そして、GEDを取得し、ベンが働いているあいだ、コミュニティ・カレッジに通うという平穏な生活が五年近く続いた。もしその生活がずっと続いていたら、その後のメリッサの人生はかなり違ったものになっていたかもしれない。

だが、メリッサは子育てや家事をしながらカレッジに通う単調な生活にがまんできなくなった。しだいに学校に行かなくなり、ベンとも口論が絶えなくなった。ある日けんかの末、ベンはカリフォルニアに行ってしまい、二度とメリッサのもとには戻らなかった。

その後メリッサはアルコールに溺れ、息子は父親のガールフレンドのジュディに預けたまま、夜な夜なバーに出かけていっしょに飲む相手を探すようになる。飲んでいるときは心の痛みを忘れられたし、他人に対する心の垣根も低くなる気がした。

だが、二年ほどそんな生活を続けたあとで、息子との絆を取り戻したいと思ったときは、もう遅かった。息子はすでにジュディとのあいだに愛着を築き、メリッサにはなつかなかったのだ。

その後、メリッサはコンビニで働いているときに出会った男性と、二人目の子どもを妊娠。長女のリビーが生まれた。だが、当時さまざまな男性と一時的な関係を繰り返していたメリッサは、その男性とも結婚して家庭を持つ気にはなれなかった。

「その頃の私はほんとうに刹那《せつな》的な生き方をしてたわ。未来に何の希望も持ってなかったから……。ただ一つ、真剣に努力したのは娘との絆を築くこと。息子のときと同じ過ちは二度と繰り返したくなかったから。リビーとは強い絆ができたと思うわ」

そんなある日、メリッサはついにゴードンと出会うことになる。

暴力と支配

出会いの場は、共通の友人の家だった。入れ墨に覆われた筋肉隆々の両腕に、スキンヘッド。会ったとたん、ひと目で彼に惹きつけられたという。彼はわずか四か月前に刑務所を出たばかりだったが、そんなことはまったく気にならなかった。

ゴードンは一七歳のとき、自分が撃った銃で人を死なせた罪により、少年院ではなく大人の刑務所に収監され、八年間服役。そして、より危険な人間となって出所してきたのだった。

話をするうちに、じつはゴードンとは以前にも会ったことがあるとわかった。彼が逮捕される数週間前、ドラッグつながりの知り合いの家で会っていたのだ。

八年ぶりに再会したとき、ゴードンは彼女にこう言ったという。

「刑務所にいるあいだも、ずっと君のことが忘れられなかった」

メリッサはその言葉を信じた。自分はもう前と同じ人間じゃない。更生した。そう話すゴードンの言葉も信じた。この人は世間から誤解されているだけで、ほんとうはいい人。私だけでも彼を信じてあげなくては——。

そして、ほんのちょっとだけ、と言われ、五年以上やっていなかった覚醒剤にまた手を出してしまったのだ。一度始めてしまうと、もう後戻りはできなくなる。以前のような薬物依存の生活に戻るのに、たいして時間はかからなかった。

当時メリッサは二五歳。息子は父親とジュディに託したまま、一歳ちょっとのリビーを連れて、ゴードンが母親と暮らす家に引っ越す。彼と家族になりたいと思ったのだ。ところが、いっしょに暮らし始めて三か月ほど経った頃から、ゴードンは徐々に本性を現わし始めた。それまで覚醒剤を注射で打ったことはなかったメリッサに静脈注射をし、強烈な快感を与えて薬漬けにした。そのうえで、自分の性的嗜好——彼女に複数の男たちと同時にセックスさせる——を強要した。

それは彼女を貶《おとし》める卑劣な行為だったが、メリッサは受け入れた。彼女はすでにゴードンに惚れ切っていた。この人のためなら自分はどうなってもいい、と思うほどに。

「そう、私はたまらなく彼を愛していた。ほんの一年ほど前よ、ようやく彼との関係を断ち切ることができたのは……」

なんと、ゴードンと決別するのに、この刑務所に来てからでさえ、七年もかかったとは――。私は思わず絶句してしまった。

一人の人間をそこまで強く支配する力とは、いったい何なのだろう。ゴードンはどうやってそれほどメリッサをがんじがらめにすることができたのだろうか。

メリッサは苦々しそうに言った。

「私がどれほど捨てられることを恐れているか、彼はよーくお見通しだったわ。そしてその恐れを、私を支配するための道具として使ったの。彼をつなぎとめておくためには、何でも彼の言うとおりにしなくちゃいけない。彼の機嫌を損ねないようにしなくちゃいけない。他の男たちとセックスさせられているときもそう。自分の感情なんて関係ない、彼の気に入るように演技しなければならないの。そうするとね、だんだん自分というものがなくなっていくの。自分の存在価値というのは、彼を喜ばせられるかどうか、それだけにかかってくるの……」

ゴードンとのそんな異常な関係のただなかで、メリッサは彼の子を身ごもる。そして、次女オリビアが誕生した。

子どもたちを取り戻すために

あるとき、長女のリビーがシアトルに住むメリッサの母親のところに行って留守のあいだ、ゴードンはメリッサに激しい暴力を振るった。メリッサは殺されることを覚悟したが、オリビアと車に乗せられ、病院で放り出される。メリッサはそこで意識を失うが、その後目が覚めると、胸に抱いていたはずのオリビアがいない。

「児童保護局に連れていかれたの……」

そう言ったとたん、メリッサはわっと泣き出してしまった。あふれ出る涙をハンカチで押さえる彼女を見て、私はとりあえずインタビューを中断しようとした。だが、メリッサは大きく首を振る。

「いいえ、続けさせて。どんなにつらい記憶でも、向き合わなかったら、また同じ過ちを繰り返してしまうかもしれない。でも、あのときの痛みを思い出し、自分のしたことの責任を認めることができたら、たぶんもう繰り返さずにすむと思うから……」

メリッサは傷だらけの自分の過去に真摯《しんし》に向き合おうとしていた。そして、涙をぬぐい、話を続けた。

「殴られて腫れ上がった顔をした私を見て、病院側はすぐにDVだとわかったの。そして児童保護局に通報したの」

児童保護局がオリビアを保護したのは、彼女の安全のためだった。DVが起きている家庭のなかに子どもを置いておくことは虐待にあたる。本人が暴力にさらされる危険があるだけでなく、暴力を目撃することによって心に深い傷を受けるからだ。

児童保護局の担当者は、メリッサに告げた。オリビアを取り戻したいなら、ゴードンを告発しなければならない——と。

「私はもちろんまだゴードンに惚れ切っていた。でもこのとき初めて、心のなかにかすかな疑いが湧いたの……もしかしたら、彼といっしょにいるのはよくないことかもしれないって」

メリッサはゴードンを告発することを決意。あれほど彼に捨てられることを恐れていた彼女が、娘を取り戻すために自分から告発に踏み切ったのである。

ゴードンにはメリッサへの接近禁止令が出された。だが、オリビアは戻ってこなかった。メリッサには養育能力なしと判断され、オリビアは里親家庭に託されたのだ。また、父親とジュディに預けっぱなしだった息子は、実父であるかつてのボーイフレンド、ベンに引き取られることになった。だが、突然五年以上会っていなかった実父のもとに連れていかれた息子は「ママ、帰りたい、迎えに来てー」と懇願したという。

「それ以来一度も息子には会ってないわ」

私は完全に母親失格……と、メリッサはハンカチで目を押さえた。

迎えに来て、と懇願する息子の姿は、遠い過去の自分と重なって見えたにちがいない。

母親に捨てられたと思い込んだ幼い頃の自分と――。

二人の子どもたちを取り上げられ、メリッサは自暴自棄になった。この痛みをまぎらわせるには覚醒剤しかない――メリッサはそれまでいたDV被害者のシェルターを飛び出し、路上で薬に溺れる日々を送る。だが、ある日ハッと我に返った。こんなことをしていたら、いつまで経ってもオリビアを取り戻すことはできない、と。

メリッサは、生まれて初めて自分から薬物離脱治療を受けることを決意し、治療施設に入所。家出したときから一〇年が過ぎ、彼女は二七歳になっていた。

さいわいシアトルの母親に預けたままになっていた長女のリビーとは、ときどき会うことができた。ブロンドの巻き毛の愛くるしいリビーは、母親の家族みんなにかわいがられていた。以前とまったく変わらず、メリッサの腕に飛び込んで甘えるリビーは、回復へのモチベーションを支えてくれた。

治療を終えたあと、メリッサはシアトルの母親のもとに身を寄せる。以後、児童保護局の立ち会いのもと、リビーを連れて定期的にオリビアに会いに行くことが許された。ところが、すぐそこだからと、リビーを家に一人残して買い物に出たことが児童保護局に知られ、リビーも取り上げられてしまう。

メリッサの目にまた涙があふれ、彼女は肩を震わせた。

「あのときほど自分を憎んだことはないわ。リビーは私や母やみんなの太陽だった。

それなのに、私の愚かな行為のせいでリビーを取り上げられてしまって……」

リビーはオリビアと同じ里親家庭に託された。メリッサは娘たちを取り戻すべく、再度、治療施設に入所。だが、どんなにがんばっても、もうけっして子どもたちを取り戻すことはできないのではないか――そんな絶望感がしだいに広がっていく。

ゴードンの魔力

二八歳の誕生日の日。二度目の薬物離脱治療を終えたメリッサは、児童保護局のオフィスで娘たちに会っていた。だが、面会の時間が終わっても、リビーはメリッサにすがりついて離れない。児童保護局の職員に抱きかかえられ、「ママー、ママー」と泣き叫びながら部屋を出ていくリビーを、メリッサは胸が潰れる思いで見送った。

その夜のうちに、メリッサはまた薬物依存に逆戻りした。「誕生日ぐらい、いいじゃない」と友人に誘われるままに、覚醒剤を使ってしまったのだ。そして、ハイになってバーに飲みにいくと、そこにゴードンがいた。

「モーテルに行こう。お互い寂しい身なんだから」

メリッサはゴードンの誘いに応じた。ふたたびドアが開かれ、彼との暴力的で破滅的な関係にとらわれるのに、さほど時間はかからなかった。

彼と決別したはずの日から約一年半後、メリッサはまたゴードンと暮らし始める。そして、二か月後、あの忌まわしい事件が起こったのだった。

メリッサは司法取引で、一二年の懲役刑を受けた。一方のゴードンは五〇年。出所するときには八〇歳近くになっていることになる。

逮捕されて拘置所に入れられたとき、メリッサは妊娠していた。ゴードンとの二人目の子であり、メリッサにとっては四人目の子どもである娘メイジーを、彼女はこの女子刑務所で出産した。でも、メイジーといっしょにいられたのはわずか一晩だけ。

ＷＣＷには、妊娠している受刑者が、出産後、支援を受けつつ自分の手で子育てができる育児ユニットがある。だが、刑期が三〇か月以下で、セキュリティ・レベルが低い受刑者のみ、という条件があるため、メリッサは対象外だった。出産の翌日、娘は養子縁組に出され、メリッサのもとから去っていった。

ゴードンとのあいだに子どもがいるため、最初のうちは手紙のやりとりを許可されていたという。だが、彼の手紙の内容が不適切ということで、いっさいの交信は禁止された。それでもゴードンはあきらめず、他人の名前を使ったり、自分の母親を経由したりして、メリッサに手紙を送り続けた。それに対し、彼女のほうも返信し続けた。

「重大違反行為で、もしバレたら、ＰＰＰでの仕事だって失うかもしれないのに、もう心が自動的に反応してしまうの。すぐ返事を書かなくちゃって。

七年よ……！　七年も経って、まだそんな状態だったの」

そんなある日、メリッサは郵便室の担当者に呼ばれた。そして、こう告げられたのだ。「あなたの交信相手がじつは誰か、私たちにはわかっている。あなたには未来があり、まだ人生に希望がある。それを棒に振るようなことを続けるのはやめなさい」と。

PPPでの仕事を失うことを何より恐れたメリッサは、すぐにベスとレイチェルに相談に行った。そして、自分がなぜ刑務所に来たのか、いま何が起こっているのか、これまで一度も話したことがなかった自分自身のことを、すべて正直に打ち明けた。すると、レイチェルがこう聞いたという。

「彼はあなたを虐待していた？」

「……ええ」

そう答えた瞬間、メリッサは自分自身も傷を負っていたことに初めて気がつき、思わず泣き崩れてしまったという。

「自分が犯した罪や過ちについて、これまでとことん考えてきたつもりだったわ。でも、自分が受けた傷については考えたこともなかったの……」

ベスとレイチェルは、このことでメリッサを解雇することはない、と請け合ってくれた。メリッサはゴードンとの関係に終止符を打つためにカウンセリングを受け始め、一年ほど前、ついに決別の手紙を彼の母親に送った。それ以来、メリッサはぶれていない。

修復と贖罪

ふたたび、ハンプトンの話に戻ろう。

メリッサの人生の物語を聞いて、なぜ彼女がハンプトンと自分は似ていると感じたのか、納得がいった。人間を怖れ、ハリネズミのように全身の毛を逆立てて自分を護ろうとしていたハンプトンは、まさに彼女自身に重なって見えただろう。そんな犬に人を信じることを教える仕事は、メリッサにとって大きな意味があったにちがいない。

じつは、彼女は一時、ハンプトンの訓練に身が入らず、ベスに注意されたことがあったという。ハンプトンがどうも元気がないことに気がついたベスは、「どうしたの？何か気になることでもあるの？」とメリッサに尋ねた。

「いいえ、何も」

そう答えたものの、じつは思い当たることがあった。頻繁に面会に来てくれていた親しい友人を亡くしたばかりだったのだ。彼はメリッサにとって大きな支えとなっていたアルコール依存者の自助団体ＡＡ(アルコホリックス・アノニマス)の仲間だった。初めて自分の大切な人の死に接し、メリッサは悲嘆の感情をどうしていいかわからなかった。

「私自身の負の感情がハンプトンに影響を与えていたんだと気がついたの。犬は人間の感情に同調しようとする動物だから……。ベスが気づいてくれなかったら、私はまたいつもの失敗を繰り返し、ハンプトンのトレーニングを台なしにするところだったわ」

ハンプトンには、けっして負の影響を及ぼすまい――メリッサはそう決意する。そして、初めて薬やアルコールに頼らずに自分の気持ちを切り替えることに成功する。

メリッサは感情を込めて、こう言った。

「ハンプトンは私を愛してくれた。心から私のことを信頼し、必要としてくれた。私の子どもたちもそうだったのに、私はあの子たちを裏切ったわ。でも、ハンプトンのことは裏切らずにすんだ。PPPは私にチャンスをくれたの。自分が与えた被害を修復するチャンスを……」

メリッサはふっと目を落とし、自分の手を見た。

「ウィリーのお母さんに言われたの。『お前は母親なんかじゃない。母親の手はけっして人を殺さない』って。……どんなに償いたいと願っても、私が遺族に対してできることは何もない。私にできるのは、少しでも誰かの役に立つことをすること……それしかない」

メリッサの頬を大粒の涙がこぼれ落ちた。

「もし、あの事件が起こらなかったら、私はその後も破滅的な生き方を続け、いま頃はもうこの世にいなかったかもしれない。私が今日ここにいるのはあの事件のおかげ。私はウィリーの命と引き換えに救われた……そんな気がしてならないの。私が救われるために、彼と彼の家族が払った代償を思うと、申しわけなくて、胸が潰れそうになる。だから、私はなんとしてでも生き直さなければならない。救われた価値があるような生き方をしなければならないの……」

メリッサは二〇一七年に仮釈放になる予定だ。まずワーク・リリース（第3章参照）に入り、グルーマーとして就職先を見つける。そして、ワーク・リリースが終了したあとも、すぐには一人立ちせず、中間支援施設に入居して薬物に頼らない生活を確立する――社会復帰に向けて、メリッサはそんな道筋を思い描いている。

彼女が何より願っているのは、逮捕されて以来一度も会っていない子どもたちとの関係を修復することだ。息子は一九歳、リビーは一三歳、オリビアは一一歳。生まれてすぐ養子に出された一番下のメイジーは八歳になる。

息子はいまも実父のベンと暮らしているが、メリッサとのコミュニケーションはいっさい拒んでいるという。一番下のメイジーの家族は、最初のうちは年に一度、写真を送ってくれていた。その後しばらく止まっていたが、去年、久しぶりに写真が届いた。それを見ると、メイジーはとても幸せそうで、メリッサとゴードンの破滅的な生活の影はどこにも見あたらない。他の子どもたちに与えたような傷はメイジーには残っていないようで、とてもほっとしたとメリッサは言う。

リビーとオリビアは、さいわいにも二人いっしょにリビーの実父の家族に養子として迎えられた。二人は電話で話すとき、メリッサのことを「ママ」とは呼ばず、「メリッサ」と名前で呼ぶそうだ。

「私が逮捕されたとき、リビーは五歳、オリビアは二歳だった。私のことをほとんど覚えていないオリビアは、わりとすんなり私を受け入れてくれたけど、リビーは用心しているのがわかる。心を許してまた裏切られたら、またいなくなってしまったらどうする、ってね……。

ずっと母親失格だった私が、いまさら普通の母親のようになれるはずがないのはわかっているわ。そんな権利もないしね。でも、子どもたちにとって、どんな形であれ、ポジティブな存在でありたいの。何かあったら頼っていける、そんな存在になりたい」

メリッサはそんなふうに希望を語った。

一二月。

七月に新しい家族のもとに旅立ってから初めて、ハンプトンはグルーミングのために女子刑務所に戻ってきた。そのときのことを、メリッサはメールにこう書いてきた。

ハンプトンが私に気づく前に、私のほうが先に気づいて、離れたところから彼の名前を呼んだの。そしたら、彼は飛び上がって必死に私を探し、見つけるやいなや全速力で私に向かって走ってきた。そして、喜びのあまり激しく飛びはねて、私に自分の体をこすりつけてきたの。私は思わず泣いてしまった。

私たちのあいだでは何も変わっていなかった。ともに過ごした時間に育んだ私たちの絆は、けっして断ち切られることはないんだとわかった。それはほんとうにすばらしい贈りものだったわ。

刑務所を出て新しい家族に引き取られ、幸せな生活を送るハンプトン。メリッサには与えることのできなかった平穏で安定した環境のもと、養父母の愛情に包まれて育つメリッサの子どもたち。両者の状況には多くの共通点があり、まるで合わせ鏡のようにも見える。

ハンプトンが新しい家族のもとに行ったあとでも、自分との絆が失われていなかったことは、メリッサに大きな希望を与えただろう。ハンプトンと同じように、子どもたちとの絆も完全には失われていないかもしれない。いつかの日か、その絆を取り戻せるときが来るかもしれない、と。

第6章

出所した人たちのその後

最終章では、すでに社会に戻り、PPPでの経験を生かして働いている元受刑者の女性たちのことを取り上げる。出所してから二年になるクリスと、一年目のレイチェル。彼女たちは、女子刑務所、そしてPPPで過ごした日々から何を得たのだろうか。

猫を連れて社会復帰

二〇一五年九月。

私は二年ちょっと前に出所し、現在は救急動物病院で動物看護助手として働いているクリス(本章扉写真)を訪ねるため、オレゴン州ポートランドに向かった。

クリスには二〇一三年の六月、彼女が出所する一か月ほど前に女子刑務所の中でインタビューしていた。第一級殺人未遂罪で一四年間を塀の中で過ごし、PPPではトレーナーとして六年働いたクリス。

彼女は最初の数年間は、いつも黒の口紅をつけ、真っ黒なサングラスをかけて部屋の隅っこに座り、いっさい人を寄せつけなかったそうだ。それが、最後の一年ほどは別人のようにあたりが柔らかくなり、スタッフにも親しみのある態度を取るようになった。私のインタビューにも、ていねいに応えてくれた。

「あなたが何年か前のクリスに会っていたら、とても同一人物とは思わなかったでしょうね」とディレクターのベスは言う。

クリスはまた、自分が五年間ずっと面倒をみてきたシュガーという障害のある猫を連れて出ることにもなっていた。カミール（第4章）同様、クリスも引き取り手の見つからないかもしれない猫を置いていくことはできなかったのだ。

シュガーは、PPPと連携している猫の保護団体ハーバー・ホープ・キャット・レスキューが多頭飼育崩壊（あまりに多くの犬や猫などを飼育し、自らの手に負えなくなって、動物たちを劣悪な状況に追いやること）の現場から救い出した猫。母猫のナツメグとともにPPPに託されたが、シュガーは足に障害があり、ナツメグは肺がんを患っていた。多くの医療的ケアを必要とする猫たちだったが、世話をする気はあるかと聞かれたとき、クリスは二つ返事で引き受けたそうだ。

「シュガーは足の形が変形していて、這《は》うことでしか前に進めないの。他の動物や人間に襲われても逃げられない。怯えて縮こまっている姿を見ると、なんとか私が守ってあげたいと、母性本能がこみ上げてきてね……」

クリスは愛しくてたまらない、というように感情を込めて話した。

シュガーは、毎日いっしょに生活していたにもかかわらず、クリスが部屋に入るたびに隅っこのほうに隠れてしまうほどの怖がりだった。ようやく抱き上げることができるようになるまで、なんと三年半もかかったという。

「シュガーと信頼関係を築くのにはほんとうに時間がかかったわ。まるで私にそっくりだと思った。私も誰かを信頼するまでには長い時間がかかるから……。五年も同じ部屋で暮らしたけど、私といっしょに寝るようになったのは半年前ぐらいからよ。そんなシュガーをここに残していくとか、またハーバー・ホープに戻すなんてありえない。この子は最後まで私が面倒をみるわ」

クリスはきっぱりと言った。

出所を間近に控え、いまどんな気持ちかと聞くと、クリスは弾んだ声で答えた。

「わくわくしてる！　すでに被害弁済は終えているし、ある程度貯金もできたし、PPから通信制の大学に行くための奨学金ももらえることになってるの。何より、妹が待っていてくれることが嬉しい。社会復帰はそう簡単じゃないと思うけど、不安より喜びのほうがはるかに大きいわ」

――かつてのあなたは黒の口紅に黒のサングラスで、誰も寄せつけない雰囲気だったと聞いたけど、いまのあなたにはそんな面影はみじんもない。どうしてそんなに変わったんでしょう？

クリスは照れたように下を向いて笑い、こう言った。

「いろいろあるけど……ベスやレイチェル、グレイスを信頼できるようになったことが一番大きいと思うわ。彼らは私みたいな態度の悪い受刑者はいつだってクビにできたのに、しなかった。それどころか、私が奨学金をもらえるよう理事会を説得し、私のために闘ってくれた……」

そして、クリスは柔らかな微笑みを浮かべた。

「ここに来たときの私と、出ていくときの私はまったくの別人。ここに来なかったら、いまの私はなかった」

一四年もの長い刑務所生活を終えたあと、クリスはどのように自分の人生を生き直そうとするのだろう。PPPでの経験、猫のシュガーとの絆はどんな意味を持つのだろうか。そのうちきっと彼女に会いに行き、話を聞かせてもらおう——。

私たちは再会を約束し、別れた。

二年後。

予想したとおり、クリスはポートランド郊外のアパートで、多くの動物たちに囲まれて暮らしていた。犬二頭、猫二四、ウサギ三羽、ギニーピッグ一四——どれもシェルターから引き取った動物ばかりだ。

もちろんその中には、彼女が刑務所から連れて帰った猫シュガーもいた。臆病なシュガーは、もっぱらクリスの寝室の奥でひっそりと暮らしているという。そこが一番安心できる場所だからだろう。シュガーを怖がらせないよう、そーっと足音を忍ばせて寝室に入っていくと、白いふわふわのかたまりが、ベッドの上で丸くなっていた。

一〇歳になるというシュガーは、純白の長毛に緑色の目をしたとても美しい猫。クリスが抱き上げると、シュガーは赤ん坊のようにクリスに身を任せ、気持ちよさそうに目を細める。その様子からは、この猫が心から彼女を信頼し、安心していることが伝わってきた。

クリスはいま、救急動物病院で夜のシフトをこなす一方、パートタイムで犬のしつけも教えている。出所したあと仕事を見つけるのは大変だったかと聞くと、彼女は「全然」と首を振った。

「中にいるあいだに通信教育で動物看護助手の資格を取ってあったし、PPPのレイチェルが立派な履歴書を作るのを手伝ってくれた。おかげで就職活動はとてもうまく行ったわ。働く場所さえあればどんな仕事でもする、と思っていたけど、なんと出所後わずか三週間で、自分のスキルを生かせる職に就くことができたの」

妹のヘザーがアパートを準備して待っていてくれたので、住むところは確保されていた。また、刑務所にいるあいだに貯めた自分自身の貯金で古い車も手に入れることができた。クリスはとてもスムーズに、社会復帰への一歩を踏み出すことができたようだ。

精神面ではどうだったのだろう？　外での生活に適応するのはむずかしくなかっただ

クリスは出所後も犬の訓練を続けている

ろうか。

「この一四年間に大きく進歩した技術に追いつくのはものすごく大変だったわ。私が刑務所に行く前は、スマートフォンなんてなかった。いまもこれが一番の頭痛の種よ。ときどきスマートフォンを窓から投げ捨てたくなる。でも、それ以外のことにはとてもすんなり適応できたと思うわ。もともと私はすごく順応力のある人間だし、妹がほんとうによく支えてくれているから……」

刑務所の中でインタビューしたときもそうだったが、妹ヘザーのことを話すとき、クリスの声には深い感情がこもり、彼女がどれだけ妹を愛しているかが伝わってくる。一〇歳年下のヘザーは、彼女が絶対的な信頼を寄せるこの世でただ一人の人間なのだという。それ以外の人間は、PPPのスタッフでさえ、一〇〇パーセント信頼するのはむずかしかった、とクリスは言った。

「だって、人間は人間だもの。ある日突然心変わりするかもしれないでしょう。でも、私は動物たちのことは一〇〇パーセント信じてる。彼らの愛は無条件で、邪心なんてないから。どこまでもピュアで、けっして裏切ることはないから……」

クリスは現在PPPからの奨学金を受け、通信制大学の二年生として、動物看護師になるための勉強をしている。犬のトレーニングも好きだけれど、ほんとうにやりたいのは、病んだり傷ついたりした動物の看護なの、と彼女は言った。

サバイバー

一九九六年のＰＰＰ取材で初めて「刑務所」というところに足を踏み入れて以来、私はアメリカでも日本でも、多くの受刑者の人生の物語を聞いてきた。そして、アルコールやドラッグ、暴力がはびこる劣悪な環境で育った人や、虐待や貧困、家族との離別などのつらい経験をしてきた人が非常に多いことを実感してきた。そのなかでも、クリスほど完膚なきまでに痛めつけられ、それでも生き抜いてきた人はそういないように思う。

彼女の生い立ちをたどってみよう。

オレゴン州との州境に近いワシントン州ヴァンクーバーで生まれたクリスは、母親ともども、アルコールと薬物依存の父親の激しい暴力にさらされて育った。殴る蹴るの身体的暴力を受けることは日常茶飯事。年端もいかない頃から酒を飲まされ、小学校に入る頃にはすでにマリワナを吸っていたという。

当時、クリスが心を許せた相手は、住んでいた農場の動物たちだけだった。父親の暴力から逃げて農場に行くと、馬がそっと彼女の肩に頭をもたせかけてきた。羊がやってきて、「大丈夫、そばにいるから」とでも言うように、すぐ隣に横たわった。動物たちは何も言わなくても気持ちを察し、黙って寄り添ってくれた。

妹ヘザーが誕生して三日後、クリスは父親が母親を銃で撃って殺害した現場を目撃。

だが、一家が住んでいた農場は町から遠く離れた田舎にあり、周囲には誰もいない。一〇歳だったクリスは自分が見たことを証言できず、母親の死は自殺ということにされた。

母親の死後、クリスは下の妹二人とともに親戚の家をたらい回しにされ、やがて祖父の家に落ち着くが、親戚の家では叔父や従兄弟に、祖父の家では祖父に性的虐待を受けた。一五歳のときには、実の父親も性的虐待を始めた。が、クリスはそのことを誰にも話さず、一人で抱える。そして、一七歳のとき家を出て、高校もドロップアウト。父親にはそれ以来今日に至るまで、一度も会っていない。

「ほんとうにどうしようもない、めちゃくちゃな家族だった……。きれいさっぱり縁を切れてよかったわよ」

苦々しそうにそう話すクリスは、父親のことをファーストネームでしか呼ばない。

家を出たあと、クリスはどこにも定住せず、アルコールと覚醒剤を乱用しながら、あちこちを転々とする生活を送った。そして、一八歳で妊娠。相手の男性の両親に迫られ、しぶしぶ結婚するが、彼はDV男だった。自分の子どもを身ごもっている彼女を容赦なく殴った。だが、クリスはそれが虐待だとは気づかなかったという。

「暴力は子どもの頃からずっと私の生活の一部で、私はそれしか知らなかったから。どうすれば暴力的な関係から抜け出せるのかも、当時の私にはわからなかった」

彼女が夫から暴力を受けていた三〇年ほど前は、アメリカでもDVについての認識が現在とはかなり違っていたようだ。争う物音や悲鳴を聞いて、近所の人が警察を呼んだことが何度かあったそうだが、警察はＤＶを単なる夫婦げんかとしかとらえず、積極的に介入することはなかった。

やがて、クリスは女の子を出産。だが娘は、大腸がおへその横に開いた穴から体の外に飛び出している「腹壁破裂」の状態で生まれた。腹壁破裂の原因はわかっていないが、クリスは妊娠中に夫から受けた暴力が原因ではないかと疑っている。病院のほうもＤＶを確信し、夫と別れるか、娘を児童保護局に委ねるかどちらか選ぶようクリスに迫った。

クリスは離婚を選び、同時に病院から提供されたセラピーを受け始める。そこで初めて、自分がＤＶの被害者だったこと、母親と同じように暴力のサイクルにとらわれていたことに気がついた。

一年と一か月後、娘は数回にわたる手術のかいなく、短い生を終えた。彼女の死後も、クリスはしばらくセラピーを受け続けた。だが、変化は起こらなかった。アルコールとドラッグを断つことはできず、クリスはウエイトレスやバーテンダーをしながら、あちこちを渡り歩く不安定な生活を続ける。

「覚醒剤を使いながらも、仕事は続けることができた……私はとても高機能のヤク中だったの」と、クリスは苦笑いする。

「それでも、薬を止めたいとは思っていたのよ。もう危険なドラッグの世界で生きるのはこりごり、なんとか足を洗いたいと思ってた。でも、覚醒剤でハイになり、そのあとで我に返って、あー、またやってしまった、なんで止められないんだろうって自己嫌悪に陥る……この繰り返し」

そんなある日、クリスが女子刑務所に送られることになった事件が起こる。

その頃ワシントン州西部のさびれた田舎町に住んでいた彼女は、ある家を買おうと考え、見学に行った。そこで売り主の男性に襲われそうになり、銃で撃ったのだ。当時日常的に麻薬の売人たちと接触していたクリスは、常に銃を携帯していた。

正当防衛で無罪放免になるものとばかり思ったが、麻薬がらみの計画的殺人未遂だったとされ、クリスは一六年の刑を受ける(のちに刑務所内で一四年、コミュニティ・プレイスメント——保護観察付きの社会内処遇——が二年となった)。

このとき彼女は三三歳になっていた。

自分の感情に気づく

私はクリスに聞いた。

——刑務所に行かなければならないと、わかったときの気持ちは?

彼女は大きく息を吸い、吐き出すように答えた。

「怒り。もう強烈な怒り、それだけ。当時の私には、喜びも悲しみも何の感情も感じられなかった。怒り以外のただ一つの感情は、罪悪感だったわ。娘のこととか、薬物依存から抜け出せずにいることとか、妹を置き去りにしたこととか……罪悪感を感じることだけは数えきれないほどあった。

当時の私は、ある日ふらっと妹のヘザーのところに現われたかと思うと、またふっといなくなる。ときには一年以上連絡しないこともあった。生後三日で母親を失ったヘザーにとって、私が母親みたいなものだったのに、その私にも置き去りにされてばかり。ヘザーにはほんとうにつらい思いをさせたわ……」

怒りに凝り固まった状態で刑務所に来たクリスは、昼も夜も黒いサングラスを外さなかった。誰にも心を開かず、常にけんか腰で周囲への敵意をみなぎらせていた。そんな彼女が変わり始める最初のきっかけとなったのは、ある精神科医によるセラピーだったという。セッションに犬を連れてくるセラピストがいると聞いて、心が動いたのだ。犬とふれあえるなら、セラピーを受けてみてもいいかも──。

一回目のセッションのとき、犬のソフィーは床に座ったクリスのそばに横たわり、彼女の膝に頭をもたせかけた。ソフィーの体はとても温かく、柔らかかった。一時間のセッションのあいだ、クリスはほとんど口をきかなかったが、犬の体をやさしく撫で続けた。そして、ついに本気でセラピーを受けようという気になった。もうこれ以上怒りに凝り固まったまま生きていきたくない。娘の病院でセラピーを受けたときは、まだすべてをさらけ出す覚悟ができていなかったけれど、今度こそは変わるきっかけをつかみたい――。

その後五年以上にわたったこの精神科医とのセラピーは、クリスにとって大きな助けになったようだ。自分がこれまで背負ってきた荷物を少しずつ下ろし、怒りや恨みにコントロールされずに前向きに生きていけるようにする――言葉にするのは簡単だが、それは苦痛に満ちた大変な作業だった。これまで抑え込んできた深刻なトラウマに向き合い、そのときの痛みをふたたび味わわなければならなかったのだ。父親の暴力、母親の死、父親や親族の男たちから受けた性的虐待、夫のＤＶ、娘の死……。クリスが背負ってきた荷物はあまりに数多く、重かった。フラッシュバックや悪夢に苦しめられることこそなかったが、セラピーのあと眠れない夜を過ごすことは多かったという。

――この精神科医のことは信頼できた？

私がそう聞くと、クリスは声を立てて笑った。

「いいえ。セラピーのあいだもずっと黒いサングラスをかけてたわよ！」

そのあと、真顔になってこう言った。

「でも、一〇〇パーセントとまではいかなかったけど、妹以外の人をあれほど信頼したことはそれまでなかった。人間への信頼がゼロだった私にとっては、大きな進歩だったと思うわ」

そもそもセラピーを受けていなかったら、これほどオープンに自分のことを語れるようにはならなかっただろう、とクリスは言った。

「私にとって、語ることの意味は二つあるの。一つは、それによって自分自身が癒されるということ。もう一つは、私のようにいろんな重荷を抱えた人間でも生き直せるんだということを、他の人たちに知ってもらいたいから。

何十年セラピーを受けても、もうすでに起こってしまったことは変えられない。でも、これからをよく生きる助けにはなるわ。セラピーのおかげで、私は初めて自分自身の感情に気づくことができた。自分を苛立たせているものが何なのかもわかるようになった。そして、そのことを言葉にして、まわりの人に伝えられるようになったの。以前はぎりぎりまで抱え込んで爆発してたけど、いまは爆発する前に回避できるようになった」

クリスはこの精神科医とのセラピーのほかに、受刑者どうしの自助グループにも参加しつつ、PPPでの雇用をめざした。動物をこよなく愛する彼女にとって、PPPは何より魅力的な職場だった。だが、実際に参加できるまでには時間がかかった。クリスがプログラムに入ることを歓迎しない他の女性たちに、暴力を振るったと虚偽の報告をされ、懲罰を受けることになったのだ。懲罰を受けると一年間はPPPに参加できない。クリスがようやくPPPに雇用されたのは、二〇〇七年のことだった。その後もずっと黒いサングラスを外さず、長いあいだ、周囲から浮いた存在だったのは前に書いたとおりだ。

だが、ＰＰＰでの六年間は、クリスにとっては重要な自己変革の期間となった。

介助犬アラスカの訓練

ＰＰＰでクリスが最初に訓練を受け持った犬は、黒のラブラドール・レトリバーのアラスカという犬。アラスカの最初のトレーナーはコニー(第2章)だった(現在のＰＰＰでは、だいたい三〜四か月ごとにトレーナーを交替し、複数の人の手で介助犬を訓練する方式を取っている)。

――アラスカの訓練はどうだった?

「ほとんどの犬がするように、アラスカも最初のうちは私を試そうとしたわ。わざと言うことをきかなかったりしてね。でも、お互いの絆ができるのに時間はかからなかった。とても賢い犬だったから、訓練はやりがいがあったわ。むずかしかったのは、一つだけ。車椅子の人のために、ものを持ってきて、落とさないように、それを手のひらに乗せておく(『ホールド』)。それから『ギブ』のコマンドで口からはなすんだけど、アラスカはこの『ホールド』がなかなかできなくて、すぐ落としてしまうの。でも、最後はちゃんとできるようになった。一か月以上かかったけどね」

訓練は順調に進み、五か月後、アラスカは介助犬になるための最終段階として、受け取り手となるクライアントとの合同訓練に臨むことになった。合同訓練がうまくいけば、晴れてアラスカは介助犬としてデビューすることになる。

ところが、ここでクリスは大きな壁にぶち当たることになった。介助犬になる犬を訓練したトレーナーは、合同訓練で直接クライアントを指導しなければならないのだ。

でも、人前で話をするなんて、絶対に無理。いつも黒のサングラスをかけて隅っこに隠れている自分にそんなことができるわけがない――考えただけでパニックを起こしそうになった。

だが、訓練担当スタッフのグレイスは、クリスならできる、と考えていた。そのときのことについて、彼女はこう振り返る。

「大丈夫、できるわよってずいぶん励ましたんだけど、クリスはどうしても自分にはできない、合同訓練に出るくらいならアラスカのトレーナーを辞めるって泣くの。そこで彼女に言ったのよ。『アラスカのことを誰よりよくわかっているのは、トレーナーのあなたじゃないの。そのあなたが辞めるということは、自分だけじゃなく、アラスカも失敗させることになるのよ』って」

さらに決定的だったのは、「クライアントとの合同訓練ができないなら、今後は犬の訓練はさせない」。グレイスのその一言で、ついにクリスも覚悟を決めた。

――で、実際にやってみてどうだった？

「終わって嬉しい、それだけ！」

クリスは声を立てて笑った。

「じつは、なーんにも覚えてないのよ。アラスカの性格や行動についてとか、コマンドの出し方とか、家での世話の仕方とか、いろんなことを話したはずなんだけど、何も記憶に残ってない。覚えているのは大量に汗が吹き出ていたことだけ。二週間の合同訓練中は、神経が高ぶってほとんど眠れなかったわ」

人とのコミュニケーションが極端に苦手だったクリスにとって、クライアントとの合同訓練がどれほどの苦行だったかは想像に難くない。おそらく連日針のむしろに座らされるようなものだっただろう。だが、いま犬のしつけを教えたり、セミナーで大勢の人の前で話したりできるのは、あのときの経験のおかげだ。

「グレイスはぎりぎりまで私をプッシュしたけど、ちゃんとフォローもしてくれたわ。合同訓練のあいだ、ずっとそばにいて私を励まし、サポートしてくれた。どれだけグレイスに感謝しているか、とても言葉では表わしきれない……」

努力のかいあって、アラスカは見事、介助犬になった。しかも、合同訓練という大きな壁を乗り越えることができたこと——この成功体験は、彼女にとって重要なステッピングボードとなったようだ。彼女はその後、さらに三〇頭もの犬を訓練し、介助犬四頭、セラピー犬一頭、ホームヘルプ犬（公共の場に連れていくことはできないが、家の中でさまざまな介助をする犬）一頭を育てた。トレーナーとしての力量も増し、人とのコミュニケーションにも少しずつ自信がついてきた。

「私に近づかないで。かかわらないで」

自分を守るために張りめぐらしていた壁が少しずつ低くなり、いつのまにか、クリスは黒いサングラスを外していた。

動物たちの愛に支えられて

ふたたび猫のシュガーに戻ろう。

私たちがキッチンで話をしていると、なんといつのまにかシュガーが寝室から出てきて、すぐそばまで這ってきていた。それを見たクリスはパッと目を輝かせた。

「自分からここまで来るなんて、よくがんばったね、シュガー！」

クリスはシュガーを抱き上げ、そのふわふわの頭にそっとキスした。

「以前のシュガーは、けっして自分の隠れ場所から出ようとはしなかったの。それが、こうやって部屋の外に出てくるのを見ると……もうたまらないほど嬉しくなる。ほんの小さなことだけど、やっとここまで来たんだなあ、成長してるなあ、と思うとね……」

その言葉にクリスのシュガーへの深い愛情が感じられて、私は思わずつぶやいた。シュガーはなんてラッキーな子なんだろう——。

するとクリスの目にうっすら涙がにじんだ。

「いいえ、ラッキーなのは私のほうよ。いまのシュガーは自分からベッドの上に乗ってきて、体をこすりつけてくれる。私を信頼し、私の愛に応えてくれる。そのことにどれだけ救われているか……」

人間を怖れ、心を閉ざしていたシュガー。自分では身を守れない、誰か庇護《ひご》してくれる存在を必要とする動物との絆。クリスが必要としているのは、まさにそのような絆なのだろうという気がした。彼女がシュガーと同じように無力だった幼い頃、彼女を守ってくれる人は誰もいなかった。守ってくれるはずの大人たちは、彼女を虐待し、傷つけた。

いま、クリスのなかにはあふれるほどの愛がある。彼女がそれを人間に与えるのはむずかしいかもしれない。だが、安心して心を開ける動物たちに対してなら、その愛は惜しみなくほとばしっていくにちがいない。動物看護師として病気やケガで傷ついた動物たちをケアすること——それはきっと、彼女自身が癒され、よりよく生きるために必要なのだろう。

セカンド・チャンス

つぎは、出所して一年になるレイチェルの話をしよう。

レイチェルは、二〇〇四年にPPPに参加し、二〇一四年に出所するまで一〇年ものあいだPPPで働いた大ベテラン。彼女には、二〇一三年に刑務所の中でも会っている。すでに一四年以上刑務所で過ごし、出所まであと一年弱、社会に戻ったらグルーマーとして身を立てたい——。器用そうな指先で犬の毛を整えながら、そう淡々と話していたのを覚えている。

そのレイチェルに、二〇一五年八月、再会した。

シアトルから車で五時間近くかかるワシントン州東部の町スポカンで、レイチェルはグルーマーとして働いている。彼女が勤めるグルーミングサロンを探し当てると、レイチェルと彼女の雇い主であるジェイミーがにこやかに迎えてくれた。この町でグルーミングサロンを開いて二六年になるというジェイミーは、定休日だというのに私の取材のために店を開け、飲み物やマフィンまで用意してくれていた。

レイチェルの足もとには、カミール(第4章)が出所までレイチェルに預けてある犬のルビーがちょこんと座っている。赤みがかった茶色のもじゃもじゃの毛をしたルビーは、映画『スター・ウォーズ』のキャラクター、チューバッカにそっくりで、みんなから「チューイ」と呼ばれているそうだ。レイチェルは、カミールが出所して落ち着いたら、ルビーを届けに行くことになっている。

レイチェルがルビーのグルーミングをするあいだ、私はまずジェイミーに話を聞かせてもらうことにした。出所者を雇用するにあたり、彼女はどんなことを考えたのだろうか。迷いや懸念などはあったのだろうか。

――レイチェルを雇用することになった経緯について聞かせてもらえますか?

「私がインターネット上に『グルーマー募集』と広告を出していたのを見て、レイチェルがコンタクトしてきたの。その後電話で直接話したとき、彼女は犯罪をして刑務所にいたことを正直に言ったわ。で、聞いたの。『それって、窃盗?』。彼女の返事は『いいえ』。で、『それならいいわ、さっそく明日面接に来て』と言ったのよ」

――えっ、窃盗かどうかって、聞いたのはそれだけ?

「そうよ。窃盗以外なら別に問題ないもの」

そう言って、ジェイミーはアッハッハとおおらかに笑った。

翌日、面接に来たレイチェルは、まじめそうで感じがよかった。実際に犬のグルーミングをしてもらうと、とても高い技術を持っている。ジェイミーはその場で採用を決めた。八か月後には、彼女に店の鍵を渡すまでに信頼するようになった。

「ここで四年以上働いている従業員にも鍵を渡してないけど、レイチェルには渡したの」と、ジェイミーは言う。

「彼女は毎日笑顔で、心から嬉しそうに働きに来る。働ける場所があることに感謝し、誰よりいっしょうけんめい働く。しかも、とても高いスキルを持っている。グルーミングができる人は他にも大勢いるけど、彼女のように犬の心理や行動も理解している人はなかなかいないわ。この業界では、それはすごく貴重なスキルなのよ」

ジェイミーは彼女がどんな罪で服役していたのか、いっさい聞かなかった。知りたい気はしたが、自分のほうから聞くべきではない、と思った。六人いる他の従業員にも、その質問はしないよう釘を刺した。やがてレイチェルのほうから心を開き、二か月後にはすべて話してくれたという。

ちなみに、レイチェルの犯罪が何だったのか私は知らない。そのことについては話したくないというのが彼女の意向なので、他の女性たちの物語のように、詳しい生い立ちや犯罪に至るまでの経緯はここには書かない。だが、二八歳で収監され、四三歳で出所するまで一五年もの歳月を刑務所で過ごしたレイチェルにとって、PPPで働いたことはどんな意味があったのか、また、社会に戻るというのはどんなことだったのか――それらについては十分語ってもらえたのではないかと思っている。

ジェイミーの話を続けよう。

「レイチェルはすぐにみんなになじんで、もう何年もここで働いてきたかのようだった。他の従業員たちもみんな彼女に前科があることを知ったうえで、ごく自然に接したわ。彼女を雇用するとき、私は最初にこう言ったの。『あなたを信用して雇うんだから、あなたのほうもそれに応えてね』って。これまで従業員が店の売上を盗んだり、道具を持ち出したりしたことがあったものだから……。

でも、レイチェルは私たちの信頼に値する人間であることを、自ら証明してみせた。そういう人を支え、社会の中で成功できるよう応援するのが私たちの役目なんじゃない？　たとえ過去に過ちを犯したとしても、すべての人にセカンド・チャンスが与えられるべきだと私は思うわ」

膝にのせたフレンチブルドッグを撫でながら、ジェイミーは力を込めて言った。そして、奥のグルーミング台で作業しているレイチェルに目をやり、こう話した。

「彼女はうちに来た最初の頃は、あまり口もきかず、ひたすら下を向いて仕事だけに集中してたの。それが、いまの彼女は、まるでつぼみが大きく花開いたような感じ――生き生きと、頭を上げて、胸を張って。彼女のそんな姿を見ると、私もほんとうに嬉しくなる。こんな喜びを私にくれてありがとうって、思うわ」

ジェイミーのその言葉には、思わず胸がじんとなった。

受刑者本人がどんなに変わろうと努力し、刑務所やＰＰＰがどれだけ充実したプログラムを提供したとしても、社会の人びとが受け入れてくれなければ社会復帰はむずかしい。罪を犯した人にもセカンド・チャンスを与えようとするジェイミーのような人たちがいるからこそ、彼らは生き直すことができるのだ。

何の気負いもなく、ごくあたりまえのようにレイチェルを受け入れたジェイミーが、

レイチェル(右)と雇い主のジェイミー

とてもまぶしく見えた。

塀の中で暮らすということ

ジェイミーが帰宅したあと、レイチェルと私は向き合って座り、長いインタビューを始めた。刑務所での一五年間はあなたにとってどんなものだったか。何を考え、どのように過ごしてきたのか。そのなかで、PPPが果たした役割は何だったのか——。

レイチェルは考えをまとめるように、ゆっくりと話し始めた。

「刑務所というところは……私にとってはとても大変な場所だったわ。誰にも心を許せない。足をすくわれないよう常に身構えてなくちゃならない。うっかり油断するといつ告げ口されて、罰を受けることになるかわからないからね。

あの中では、普通の会話、普通の人間関係が成り立たないの。刑務官の多くは私を一人の人間として扱おうとしてくれるのがわかったけど、それも限界がある。やりすぎたら、ひいきしていると思われたりするし、なんといっても私たち受刑者は個人というより番号に過ぎないんだから。

何よりつらかったのは、家族から引き離されたことだった。私の家族はみんなとても仲がよかったの。刑務所にいる他の女性たちは悲惨な育ちをした人が多いけど、私の場合はとても恵まれてた。両親ときょうだい六人、愛情に包まれて、幸せな子ども時代だったわ。だから、私にとって最悪の罰は、自分の愛する人たちから引き離されることだった。刑務所に入って最初の二～三年はほんとうにつらくて、長かったわ。PPPに入ったのは四年後だけど、あのプログラムは私にとって……」

それまで淡々と話していたレイチェルは、そこで突然詰まった。

「だめ、泣いてしまう……」

そう言ったとたん、レイチェルの目に涙があふれた。

「PPPは私に『安全な居場所』をくれたの。誰にも足をすくわれる心配をせず、自分が自分でいられる場所。普通の会話ができる場所。

何か嫌なことやつらいことがあったら、私はいつもベスのオフィスに行って、話を聞いてもらったわ。ベスはただ黙って耳を傾けてくれて、話し終わったあとは気持ちが落ち着いてた。たいしたことじゃないって思えた。

PPPに入ろうと思ったのは、犬が好きだし、刑務所を出てから役に立つスキルを身につけたい、ただそれだけ。まさかこんなふうに心までケアしてもらえるなんて、思ってもみなかった」

レイチェルは、最初からベスを信頼することができたのだろうか。

「すぐに、ではないわ。たぶん一年以上かかったと思う。でも、いろいろ話しているうちに、なんとなくこの人は信頼できそうだな……と思うようになって。ベスとの信頼関係ができたあとは、他のスタッフとも徐々に絆ができたの」

一〇年間に、レイチェルはスタッフと強い絆を築いたようだ。出所して一年経ついまも、彼女はベスたちと頻繁に連絡を取り合っている。困ったり、迷うことがあったら、彼らに電話し、話を聞いてもらう。嬉しかったこと、成功したことも報告する。社会に戻ったいまも、PPPはレイチェルにとっての「安全な居場所」であり続けているのだ。

彼女にとって、犬たちの存在はどうだったのだろうか。

レイチェルは、PPPにいるあいだに二〇頭以上の犬を訓練し、そのうち一〇頭を介助犬に育て上げた優秀なトレーナーでもある。そのなかでも、もっとも忘れがたいのは、彼女が初めて訓練を担当した犬、トンカだそうだ。

プログラムのデモ犬(PR犬)になり、現在はボランティアの家で暮らすトンカには、私も刑務所の中で会ったことがある。グルーミングのために刑務所に来ていたトンカは、ブラックラブとシェパードのミックスで、それは優しい目をした穏やかな老犬だった。

ところがレイチェルによると、かつてのトンカは手がつけられないほどやんちゃで、大変な犬だったという。

「あんなクレージーな犬は見たことがなかったわ。私が犬舎の彼のスペースに入ったとたん、バーッと飛んできて私を床に押し倒し、コートの前の部分を噛みちぎってしまったの。人に対してはワンワン吠えまくるし、空を飛ぶんじゃないかと思うくらい高くジャンプするし……」

そう言って、レイチェルは自分の頭を指さした。

「後脚がここらへんに来るほどの高さでジャンプするのよ」

私が会ったトンカと同じ犬とは信じられない、と私が言うと、「変わったのよ、彼は。私が変わったのと同じくらいね！」。レイチェルは茶目っ気たっぷりの表情を浮かべた。

「トンカの訓練には一年半もかかったわ。とてもむずかしい犬だったから。でも、驚異的な頭脳と感性を持った犬でもあったの。人が何か指示する前に、もうその人が何を欲しているか察する、そんな犬。

グレイスから、犬の訓練とは別の言語を学ぶことだと教わったわ。私たち人間と犬とは別の言語を使っているわけだから、それぞれがお互いの言語を学ばなければならない。トンカはそれが抜群によくできたの。まさに、人間を読むことができたのよ」

そして、いまもよく覚えているあるエピソードを話してくれた。

「ある夜、部屋に帰ったら、トンカが『お帰り～』って飛びついてきたの。その勢いで私は床に倒され、かなり強く後頭部を打ったのね。部屋の外でその物音を聞いた人に『大丈夫？』って聞かれたぐらい。

その夜、トンカはなぜか一時間おきに私を起こしたの。寝ている私の頭をこづき、私が起きるとじっと顔を見つめて、また自分のベッドに戻っていく。これを一晩中繰り返したのよ。翌朝、他の受刑者にその話をすると、彼女は『そういえばあなた、昨夜転んでたじゃない。そのとき頭を打った？』って。それを聞いてハッとしたわ。そうか、トンカは私が頭を打ったことを心配してたんだ、って……」

これだけ鋭敏な感性を持った犬なら、すばらしい介助犬になれたかもしれない。だが、残念なことに、トンカは介助犬には向かないということで、デモ犬になることになった。

理由の一つは肩が弱いということだったが、主な理由はやはり活発すぎることにあったようだ。介助犬としての「作業」がどれほどできる犬でも、受け取り手になる人とエネルギーのレベルが合わなければペアは成立しない。介助犬を必要とする人の多くは病気や障害のためにすばやい動きができなかったり、バランスが悪かったりするため、トンカのように活発すぎる犬を扱うのはむずかしいのだ。

「でも、トンカは幸せに暮らしているわ。ほら、これは四月に会ったときの写真よ」

そう言ってレイチェルが見せてくれたのは、瀟洒《しょうしゃ》な邸宅を背景にしたトンカと自分のツーショットだった。

「これはトンカを預かっているボランティアの家。すごいでしょう？　あまりに大きくて、最初は個人の家だとは思わなかったぐらい。天井からはシャンデリアがぶら下がり、高級そうな家具や調度品があって……」

レイチェルは、ＰＰＰの資金集めのイベントにスピーカーとして出席する際、このボランティアの自宅に泊めてもらったのだった。

「彼女は私を信頼して、自分の家に招いてくれたの……一五年も刑務所に入っていたこの私をね」

私はまたも感心してしまった。レイチェルの雇用主ジェイミーといい、トンカのボランティアの女性といい、そう簡単には手に入らない「信頼」という贈り物を、さりげなく元受刑者に差し出す人たち――。彼女たちは、もしかしたら信頼を裏切られる可能性もあることをちゃんと心に留めたうえで、それでもなお、信頼することを選んでいるように思える。そして、彼女たちの信頼を受け取ったレイチェルのほうは、それに応えようといっそう努力する。相手を信じようとすることから始まるポジティブな循環――その見事な例を目の当たりにしている気がした。

社会に戻る道程で

多くの人の信頼に支えられてきたレイチェルだが、それでも社会復帰への道程は平坦ではなかったようだ。一五年も塀の中で暮らしたあとで、突然見知らぬ土地に出ていく不安と恐怖は、半端なものではなかったにちがいない。

レイチェルは社会復帰へのステップとして、出所後の半年間はワーク・リリースに入ることにした。期待と不安に胸を膨らませながらスポカンにあるワーク・リリース施設に入所したが、最初の一週間は一歩も外に出ることができなかったという。

「もう怖くて怖くて、すぐにでも刑務所に逃げ戻りたかった……あんなに長いあいだ、出所する日を待ち望んでいたはずなのに、信じられないでしょう？　でも食べたものは全部吐いてしまうし、下痢はするし……体がついていかなかった。

それでも、ここで挫《くじ》けるわけにはいかない、と強く思ったわ。これまで私を支えてくれた刑務所やＰＰＰの人たちに対しても、自分の家族に対しても、私はがんばる責任があるんだもの。

最初の一週間はまったくだめだったけど、次の週は、前からワーク・リリースに入っている先輩が付き添ってくれて、いっしょに外に出る練習をしたの。ダウンタウンまで行って、銀行でお金を出して、バスの定期を買って……一時間半ぐらいかな。

外に出て最初に気づいたのは、匂いが変なこと。どう変なのかって、うまく説明できないけど、とにかく変で、しばらく気になってしょうがなかったわ。それから、すべての建物があまりにも巨大に感じられて、めまいがしたこと。外ってなんて大きくて、開けてるんだろうって……もう圧倒されたわ」

だが、めまいは長くは続かなかった。レイチェルは一週間ほどで一人でも外を歩けるようになり、いよいよ職探しを始めることにした。電話帳を調べ、グルーミングサロンに片端から電話をかける、という昔ながらのやり方で始めたのだが、そこで苦い経験をすることになる。

レイチェルはトレーナーとして四年、グルーマーとして六年、合計一〇年の経験と、プロフェッショナル・グルーマーの技能証明書も持っている。これだけ立派な実績があれば、どのグルーミングサロンからも引っ張りだこになるはずだが、ある大手のペットショップの面接では、レイチェルが刑務所にいたことを告げたとたん、「どうぞ帰ってください」とドアを開けられた。

「これには凹んだわね。それでなくても前科があることでナーバスになってるのに、あからさまに拒絶されて……」

すっかり気を挫かれ、落ち込んだレイチェルは、ベスに電話。

「就職なんて、無理なのかもしれない。学校にでも行こうかな……」

そう話すレイチェルに、ベスはサポートを約束。さっそくワシントン州の「ワーク・ソース」(職業訓練と職業紹介所を兼ねたような公的機関)と連絡を取り、レイチェルに職探しのアドバイスをしてもらった。ワーク・ソースではインターネットの職探しサイトに彼女の履歴書を登録し、そこからグルーマーを募集しているサロンとのマッチングをおこなうことにした。

インターネットを使うなんて考えもしなかった、とレイチェルは言う。それもそのはず、彼女が刑務所に入る前には、そんな仕組みはなかったのだから。現代に合った方法で新たに職探しをした結果、ジェイミーとの出会いにつながり、就職が決まったことは前に書いたとおりだ。

レイチェルのワーク・リリースは半年で終了。その後は施設を出て自分で住まいを確保しなければならないが、グルーミングサロンの同僚が使っていない家を貸してくれることになった。

「私はほんとうにラッキーだったわ。前科のある人間が部屋を借りるのは大変だからね。ワーク・リリースの仲間のなかには、住むところが確保できないために、釈放期日を過ぎているのに施設を出られない人もいる。どうしても見つからなくて、刑務所に戻らなければならなかった人もいるわ。こんなにスムーズに社会に移行できた私は、ほんとうに恵まれている」

ところが、そこでレイチェルは意外なことを口にした。

「でもね、ときどきたまらなく刑務所が恋しくなるのよ……」

「どうして？」という表情を浮かべた私に、レイチェルはていねいに説明してくれた。

「前にも話したとおり、刑務所に入ったとき、私は自分の愛する人たちみんなと別れなければならなかった。でも、それから何年もかけて、私は新たな生活を塀の中で築いたの。PPP、動物たち、そして友人たち――自分にとって心から大切だと思えるものができたのよ。刑務所を出るということは、またしても自分の愛する者たちと別れることだった。

ときどき車を運転している最中、突然どっと涙がこみ上げてきて、止まらなくなることがあるの。その感情をなんて言ったらいいか……。安堵の入り混じった悲哀、とでもいうのかな……。刑務所を出られたことは嬉しいわ。やっと自由になったんだから。でも同時に、喪失感もある。自分がそれまで属していたコミュニティを失った喪失感。PPPも、刑務所の友人たちも、私の家族だったんだもの。強い絆があったんだもの……」

今朝ここに来る途中でも、またそのこみ上げる感情に襲われ、車を止めなければならなかった、とレイチェルは言った。

だが、レイチェルは刑務所で築いたすべての絆を失ったわけではない。PPPのスタッフはこれからも彼女をサポートし続けるだろうし、彼女のほうも自分が成功することによって彼らの信頼に報いようと決意している。

PPPの仲間のなかで、レイチェルがとりわけ親しくしていたのはカミールだった。二人は出所後コンタクトを取ることを禁じられていないため、これからもお互いを支え合うことができるだろう。レイチェルはルビーを届けに行くとき、カミールに再会できるのを心待ちにしている。

誰も知り合いのいない未知の町を再出発の場に選んだレイチェルだが、すでに着々と新たなコミュニティを築きつつあるようだ。ジェイミーのグルーミングサロンでは、雇い主と従業員が一つの大きな家族のように、職場以外でも休日をともに過ごしたり、家に招き合ったりするのだという。

「ジェイミーも同僚たちも、ほんとうによくしてくれているわ。わからないことがあると、私はほとんど何でもジェイミーに相談するの。先日車を買ったときも、わけのわからない保険がいっぱいくっついてきたのをジェイミーが全部キャンセルしてくれて、よけいなローンを払わずに済んだ。こうやって人に相談できるようになったということ……これが私の一番大きな進歩かもしれない」

レイチェルは少しだけ、自分自身のことについても語り始めた。

看護助手からスタートして理学療法士になり、その後マッサージセラピストの資格を取得したこと。逮捕されたときは、マッサージセラピストとして自分のオフィスを持ち、リハビリ病院と連携して仕事をしていたこと。

ドラッグに溺れるわけでもなく、ごく普通の生活をしていた彼女の人生が暗転したのは、いったいどういうわけなのか。

「飲酒」と、レイチェルは言った。

「アルコール依存というわけじゃないのよ。飲まなければ飲まないでいられるから。でも、いったん飲み始めると抑えがきかなくなってしまうの。飲み過ぎて……とんでもないことになってしまった」

そして、自分の抱えていた心の問題について語った。

「私の最大の課題はコミュニケーションだったの。自分のことを人に話すのは、私にとってはものすごくむずかしいのよ。だから、悩みがあっても一人で抱えて、人に相談することはなかった。自分が感じていることを人に知られるというのが、私には恐怖でしかなかったの」

そんなレイチェルは、刑務所にいるあいだにセラピーを受け、コミュニケーションの練習を繰り返した。

「セラピストが質問をし、私が答える。ただそれだけのエクササイズなんだけど、一時間のセッションの半分しか持たなかったわ。もう体が震えてしまって、その場にいられなくなるくらいだったから……」

——セラピーは役に立った？

「ええ、とても役に立ったわ。自分のほんとうの気持ちを人に伝えるのって、そんなに悪いことじゃないって思えるようになったから」

なぜ、それほど自分の気持ちを人に伝えるのが怖かったのか、その理由についてレイチェルは語らない。だが、一五年の刑務所生活で、人とのコミュニケーションができるようになったことはとても大きな収穫だったという。

二八歳から四三歳という人生でもっともアクティブで生産的な時期を、レイチェルは塀の中で過ごした。だが、彼女はその時間を可能なかぎりポジティブに過ごそうと意識的な努力をしたようだ。

「最初のうちは、もう何も考えず、心を麻痺させるしかなかった。一五年もの時間をやり過ごすには、それしかないと思ったから。でも、そのうち気づくのよ。どうせここにいなければならないのなら、少しでもいい時間の使い方をしなければ、って。

犬の訓練はそのための大きな助けになったわ。犬たちは、いまこの瞬間だけに生きているでしょう。過去のことをいつまでも引きずったり、恨んだりしない。済んだことは済んだこととして前に進もうとする。それはまさに私が必要としていたレッスンだった。

毎朝起きると、今日は何を楽しみに一日過ごそうか考えるのが私の習慣だったの。今日は陶芸のクラスがあるとか、今日はソフトボールの試合があるとかね。犬たちの存在もそう。私を待っている犬たちがいることは、毎朝起きる理由をくれたわ」

レイチェルは、そう言って、もっとも忘れがたい犬トンカを託されたときのことを話してくれた。

「トンカが来たとき、じつは私はうつで、精神科を受診していたの。私のことを誰よりかわいがってくれた、大好きだった祖母が亡くなって、いろんな思いが押し寄せてきて……。でも、医者は薬をくれただけ。その薬は飲むとどうしようもなく眠くなって、私には合わなかった。そこへトンカを託されたわけよ。あのクレージーな犬を。でも、そのおかげで、私は毎朝起きられるようになった。自分が世話をし、訓練しなければならない存在がいるおかげで、なんとか日々を生き抜くことができた。そして、五か月ほどでうつから回復したの。薬なしでね」

レイチェルはしみじみと言った。

「犬たちはほんとうにすごいわ。無条件で人を愛することができるんだもの。私がどんな罪を犯したとか、今日は機嫌が悪いとか、そんなこと何にも関係ない。いつもまったく変わらず、大喜びで私を迎えてくれる。一五年……長かったけど、犬たちのおかげでやり抜くことができた」

レイチェルとのインタビューを終えたあと、私はなんとも言えずさわやかな気持ちに満たされた。どんな場所に置かれても、自分では気づいていなくても、人は皆よりよく生きたいとの思いを心のどこかに持っているはず。ＰＰＰとは、動物たちの力を借りてその思いを引き出すプログラムなのだ――。その思いを新たにしつつ、私はスポカンを後にした。

カミールの出所まで預かっている犬ルビーと

おわりに——あとがきに代えて

日本初のプリズン・ドッグ・プログラム

二〇〇九年、島根県浜田市旭町にある島根あさひ社会復帰促進センターで、「盲導犬パピー育成プログラム」がスタートした。受刑者がパピーウォーカーとなり、刑務所の中で盲導犬候補の子犬たちを育てるという、日本初の「プリズン・ドッグ」の試みである。

二〇〇八年に開庁した島根あさひ社会復帰促進センターは、日本で一番新しい刑務所だ。官民協働で運営されているこの刑務所では、民間の創意工夫を生かしたさまざまなプログラムがおこなわれているが、盲導犬パピー育成プログラムもその一つ。このプログラムの誕生にあたっては、一九九九年に刊行した『犬が生きる力をくれた』が、いわば種蒔きの役割を担った。民間側の初代総括責任者を務めた株式会社大林組の歌代正さんがこの本を読んでくれていて、日本の刑務所でもぜひ受刑者が犬の訓練をとおして障害のある人に貢献するようなプログラムを始めたい、と提案したのである。そして、公益財団法人日本盲導犬協会が協力することになり、ついに日本でもプリズン・ドッグ・

プログラムが実現することになった。私自身も企画段階から参加し、現在もアドバイザーとしてかかわらせてもらっている。

このプログラムは、日本盲導犬協会から託された子犬(パピー)を、約一〇か月間、受刑者たちが日本盲導犬協会の訓練士の指導を受けながら育てるというものだ。週末は「ウィークエンド・パピーウォーカー」というボランティア家庭に預け、塀の中の受刑者と地域の人びとが協力していっしょに子犬を育てる方式を取っている。

二〇一六年四月の時点で、このプログラムから巣立った子犬たちのうち、九頭が盲導犬となり、目の不自由な人びとのよきパートナーとして活躍している。プログラムに参加した受刑者のほうも、さまざまな変化や成長を見せている。

日本の受刑者も、私がアメリカで出会った受刑者たち同様、人を信頼するのがむずかしい、自分や他人を粗末に扱うなど、共通した問題を抱えている人がとても多いと感じる。だが、このプログラムが始まってからの七年間には、何人もの卒業生たちが、出所後、社会の一員としてまじめに働き、家族やまわりの人を大切にしながら暮らしている姿を見てきた。幼い命をケアすることが彼らの心を耕し、よりよく生き直すためのポジティブな経験となっていると実感する。

このプログラムについてもっと知りたいと思う方は、『〈刑務所〉で盲導犬を育てる』(岩波ジュニア新書)も手に取っていただければ嬉しい。

生活棟の廊下を歩く受刑者とパピー

少年院での犬の訓練プログラム

二〇一四年には、千葉県八街市にある八街少年院で、動物愛護センターなどに保護された犬を引き取り、少年たちに基本的な訓練をしてもらった後、新たな家庭を見つけるというプログラムも始まった。プログラム名はGMaC(Give Me a Chance＝ギヴ・ミー・ア・チャンス)——捨てられた犬を救うこと、そして、犬を救う過程を非行のために社会から一時退場させられた少年たちに担ってもらうことで、少年たちに社会復帰のきっかけをつかんでもらうことをめざしている。アメリカで修行を積み、PPPでインターンをしたこともある介助犬トレーナーの鋒山佐恵さんとともにこのプログラムを法務省に提案したところ、八街少年院がチャレンジしてくれることになったのだ。

現在、犬や猫の殺処分ゼロをめざすヒューマニン財団の職員となった鋒山さんが、八街少年院の教官たちと協働し、少年たちに犬のケアや訓練を指導している。プログラムの枠組みは、週四日・一時間半の授業を一二週間おこない、その間一人の少年が一頭の犬を訓練するというもの。盲導犬パピー育成プログラムと同様に、週末は「サポートファミリー」と呼ばれる地域のボランティア家庭に犬を預け、少年たちといっしょに犬を育ててもらう仕組みだ。

二〇一六年春までに四期が終わり、一二人の少年と一二頭の保護犬がプログラムを修

送り出す犬にメッセージ入りのバンダナを贈る

了したが、犬たちにはすべて新しい家族が見つかっている。

訓練の方法は、介助犬や盲導犬の訓練同様、よいことをしたときにほめて育てる「陽性強化法」だ。犬の訓練は初めて、という少年たちが、わずか一二週間のうちにどんどん犬とともに成長し、修了式が近づく頃には「ダウン」「ステイ」「ジャンプ」などの基本のコマンドはもちろんのこと、「ヒール(人にぴったりついて歩く)」などの高度なコマンドもこなせるようになるのには驚かされる。それまでは無軌道な行動をしていたであろう少年たちが、大変な粘り強さと忍耐を発揮することにも感心させられる。

殺処分されていたかもしれない犬にふたたび生きるチャンスを与えるために、自分が重要な役割を果たしたこと――それは少年たちにとって大きな意味のあることにちがいない。

ある少年は、卒業していく犬の首に巻くバンダナに、こんなメッセージを書いた。

「世界一幸せな犬になれ」

また別の少年はこう書いた。

「寿命がくるまで　楽しく　幸せに　生きろ」

ＧＭａＣの試みについても、そう遠くない将来、本にまとめたいと思っている。

一九九九年に『犬が生きる力をくれた』を世に送り出して以来、日本の刑務所と少年院で、犬を介在した矯正教育のプログラムが二つ誕生したことになる。いつか日本でもPPPのようなプログラムが誕生してほしい――当時はそんな願いも込めて書いたわけだが、正直なところ、実現するのは何十年も先のことだろうと思っていた。それがわずか数年後に盲導犬パピー育成プログラムの構想が生まれ、立ち上げに参画することができたのは、本を書いた者としては望外の喜びだ。

さらに欲を言うならば、動物たちの力を借りて人の心を開き、耕す試みが、男性刑務所や男子少年院だけでなく、女性や少女の施設にも広がってほしいと思う。また、いまだに年間八万頭もの猫が殺処分されている状況を考えると(二〇一四年度、環境省の統計による。犬は約二万一〇〇〇頭)、PPPのように猫のレスキューにも乗り出そうという施設が現われないものだろうか。

人と動物の絆によって、閉ざされた心が開かれ、人の成長をうながす大きな可能性があることは、この本に登場してくれた女性たちの物語が示すとおりだ。今後さらに、人も動物もともに救われ、社会も恩恵を受けるプログラムが生まれることを期待しつつ、筆をおくことにしたい。

二〇一六年六月

大塚敦子

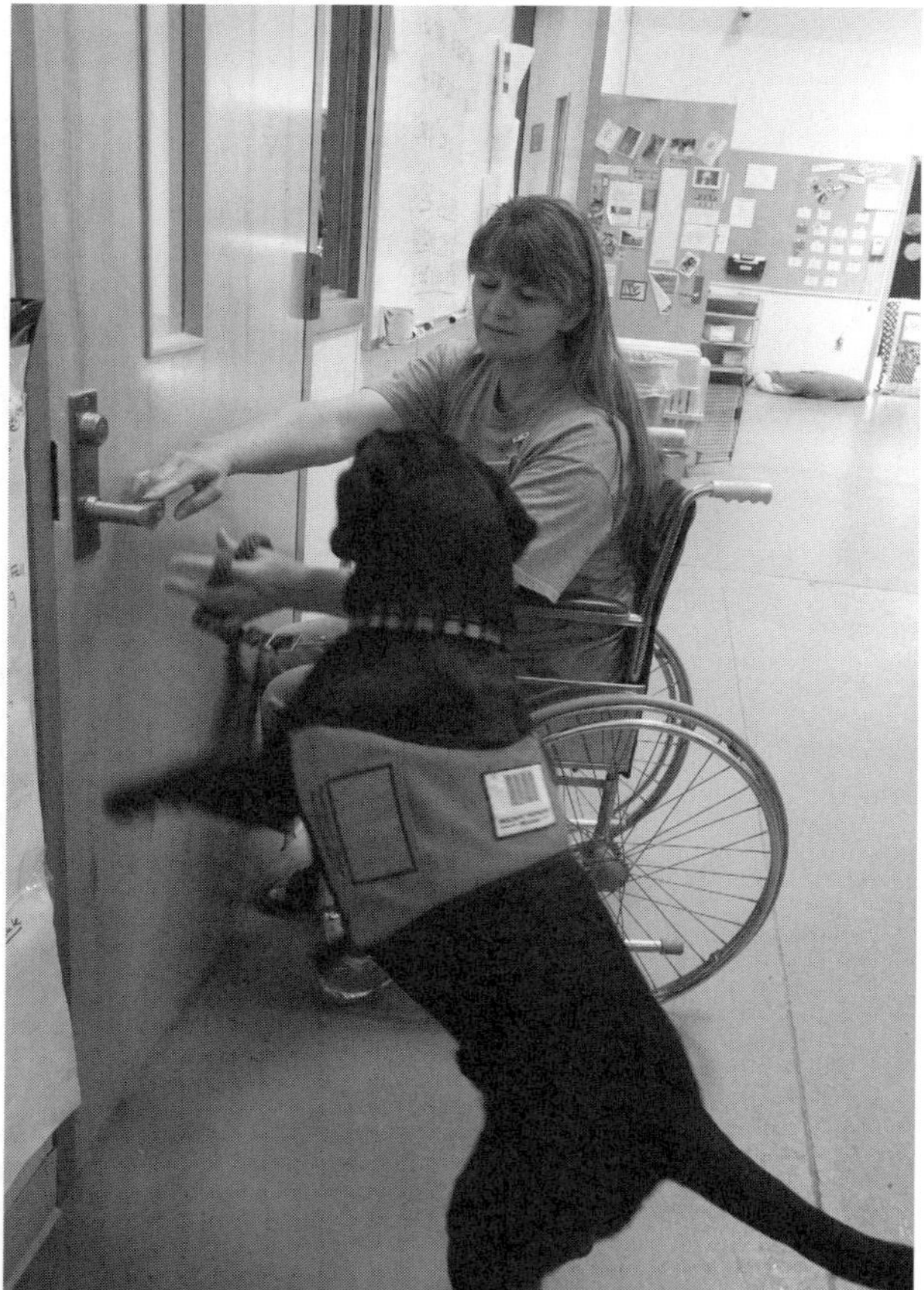

主な参考文献と引用文献

ランディ・バンクロフト、ジェイ・G・シルバーマン著、幾島幸子訳『DVにさらされる子どもたち――加害者としての親が家族機能に及ぼす影響』金剛出版、二〇〇四年

ランディ・バンクロフト著、髙橋睦子、中島幸子、山口のり子監訳『DV・虐待 加害者の実体を知る――あなた自身の人生を取り戻すためのガイド』明石書店、二〇〇八年

草柳和之著『ドメスティック・バイオレンス(新版)――男性加害者の暴力克服の試み』岩波ブックレット、二〇〇四年

信田さよ子著『加害者は変われるか？――DVと虐待をみつめながら』筑摩書房、二〇〇八年

レノア・E・ウォーカー著、斎藤学監訳、穂積由利子訳『バタードウーマン――虐待される妻たち』金剛出版、一九九七年

ジュディス・L・ハーマン著、中井久夫訳『心的外傷と回復(増補版)』みすず書房、一九九九年

宮地尚子著『トラウマ』岩波新書、二〇一三年

ヴィクトール・フランクル著、霜山徳爾訳『夜と霧――ドイツ強制収容所の体験記録』みすず書房、一九六一年

大塚敦子著『〈刑務所〉で盲導犬を育てる』岩波ジュニア新書、二〇一五年

Stephanie Schendel, "Imprisoned, McKee Claims Remorse, Love and Recovery" *The Centralia Chronicle*, October 25, 2014

Jones, Ann, *Next Time, She'll Be Dead*, Beacon Press, 1994

Browne, Angela, *When Battered Women Kill*, The Free Press, 1987

Furst, Gennifer, *Animal Programs in Prison*, First Form Press, 2011

本書は『犬が生きる力をくれた――介助犬と人びとの物語』（岩波書店、一九九九年）の第2章と第3章を再録し、そのほかについては今回新たに書き下ろしたものである。

犬，そして猫が生きる力をくれた
—介助犬と人びとの新しい物語

2016年7月15日　第1刷発行

著　者　大塚敦子《おおつかあつこ》

発行者　岡本　厚

発行所　株式会社　岩波書店
〒101-8002 東京都千代田区一ツ橋2-5-5

案内 03-5210-4000　営業部 03-5210-4111
現代文庫編集部 03-5210-4136
http://www.iwanami.co.jp/

印刷・精興社　製本・中永製本

ISBN 978-4-00-603300-2　Printed in Japan

岩波現代文庫の発足に際して

新しい世紀が目前に迫っている。しかし二〇世紀は、戦争、貧困、差別と抑圧、民族間の憎悪等に対して本質的な解決策を見いだすことができなかったばかりか、文明の名による自然破壊は人類の存続を脅かすまでに拡大した。一方、第二次大戦後より半世紀余の間、ひたすら追い求めてきた物質的豊かさが必ずしも真の幸福に直結せず、むしろ社会のありかたを歪め、人間精神の荒廃をもたらすという逆説を、われわれは人類史上はじめて痛切に体験した。

それゆえ先人たちが第二次世界大戦後の諸問題といかに取り組み、思考し、解決を模索したかの軌跡を読みとくことは、今日の緊急の課題であるにとどまらず、将来にわたって必須の知的営為となるはずである。幸いわれわれの前には、この時代の様ざまな葛藤から生まれた、人文、社会、自然諸科学をはじめ、文学作品、ヒューマン・ドキュメントにいたる広範な分野のすぐれた成果の蓄積が存在する。

岩波現代文庫は、これらの学問的、文芸的な達成を、日本人の思索に切実な影響を与えた諸外国の著作とともに、厳選して収録し、次代に手渡していこうという目的をもって発刊される。いまや、次々に生起する大小の悲喜劇に対してわれわれは傍観者であることは許されない。一人ひとりが生活と思想を再構築すべき時である。

岩波現代文庫は、戦後日本人の知的自叙伝ともいうべき書物群であり、現状に甘んずることなく困難な事態に正対して、持続的に思考し、未来を拓こうとする同時代人の糧となるであろう。

（二〇〇〇年一月）